W0331560

MON CAHIER

HAPPY AT WORK

— FABIENNE BROUCARET —

ILLUSTRATIONS
COUVERTURE : ISABELLE MAROGER
INTÉRIEUR : MADEMOISELLE ÈVE

SOLAR EDITIONS

WORK

INTRODUCTION

Et si chaque journée envoyait des paillettes (poke Inès Reg)... même pendant votre semaine de travail ? Eh oui, le bien-être et la happy attitude ne sont pas réservés aux soirées ou au week-end ! Votre job, vous l'aimez, mais vous trouvez qu'il vous met un peu trop la pression ou qu'il est un peu trop prenant ? C'est qu'il vous manque quelques ajustements pour vous sentir vraiment bien et à votre place.

Prise dans le tumulte du quotidien, une to-do list à rallonge et des sollicitations à ne plus finir, vous fonctionnez sûrement en mode pilotage automatique au travail. Et si vous disiez stop à cette course effrénée du métro/auto/vélo (rayez la mention inutile) boulot-dodo et aux journées qui filent et se ressemblent ? Rassurez-vous, pas besoin de tout plaquer pour retrouver le smile au travail. Pour certaines, c'est l'équilibre vie pro-vie perso qu'il va falloir améliorer en remettant le travail à sa juste place et en s'accordant des pauses yoga ou méditation dans leurs journées. Pour d'autres, la clé sera de (re)trouver du sens dans leurs missions ou encore de s'aménager un bureau à la déco reposante et inspirante. Une chose est sûre : prendre soin de vous (et pas seulement pendant les vacances !) est indispensable pour concilier durablement bien-être et performance.

L'objectif de ce cahier est de vous faire kiffer chaque journée de travail ! Pour vous y aider, retrouvez ici plein d'exercices et de rituels feel good à tester et à adopter avec un esprit kaizen, c'est-à-dire en visant de petites améliorations au quotidien. C'est la somme de ces petits pas qui vous permettra, au final, un grand changement dans votre vie.

Fini, les matins en stress, le manque de motivation et les journées à rallonge sans pause ! Bonjour, la sérénité, la fierté et la joie de mener une vie plus équilibrée et plus épanouie. Enjoy ! #LoveMyJob #LoveWorklife

TEST

QUELLE HAPPY WORKEUSE ÊTES-VOUS ?

Votre journée de travail, vous la kiffez, un peu, beaucoup, à la folie, passionnément ? Qu'avez-vous besoin de changer dans votre quotidien pour gagner en bien-être et vous épanouir encore plus ? Répondez à ces quelques questions pour faire un premier point.

En vous levant le matin, vous êtes généralement…

△ Pleine d'enthousiasme : vous avez des idées plein la tête !

○ Stressée : rien qu'en pensant à votre to-do list à rallonge.

□ Morose : vous attendez le week-end avec impatience…

Pour vous, les collègues, c'est…

△ Une bande de potes au top, vous les adorez !

□ Euh… Moins vous les voyez, mieux vous vous portez !

○ Des relations pro, ni plus ni moins.

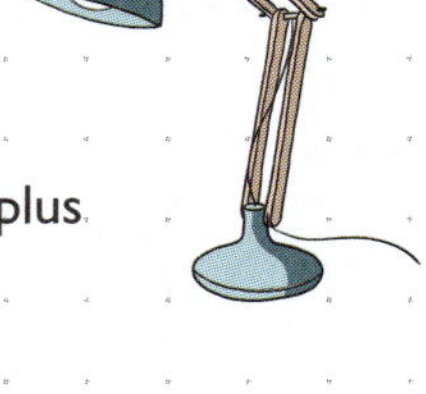

Savez-vous prendre du recul sur votre boulot ?

△ Oui, et c'est vital même ! Vous avez besoin d'autres sources d'épanouissement pour vous sentir au top et bien travailler.

○ Carrément, dès que vous refermez la porte du bureau, vous passez direct à autre chose !

□ Pas vraiment, vous êtes plutôt du type « nez dans le guidon » ! À la maison, dans la rue, vous êtes toujours en alerte pour trouver des inspirations, ou bien vous réfléchissez aux solutions à apporter à tel dossier, à moins que ce ne soit le stress qui vous poursuive à chaque instant !

À la fin de votre journée de travail, vous êtes le plus souvent…

□ Lessivée : vous avez l'impression d'être passée sous un rouleau compresseur.

○ Frustrée : vous n'avez jamais le temps faire tout ce que vous aviez prévu !

△ De bonne humeur : vous êtes satisfaite du travail accompli !

Qu'est-ce qui vous anime et vous rend fière au travail ?

△ Vous avez le sentiment d'être utile. Votre job vous permet d'aider les autres, de contribuer à une cause qui vous tient à cœur ou à fabriquer ou vendre des choses auxquelles vous croyez.

- ○ Vous occupez un poste à responsabilité et ne comptez pas vos heures. Vous avez réussi à gravir des échelons, vous gérez des dossiers importants et ça, c'est une vraie source de satisfaction pour vous !
- □ Bonne question !

Pour faire rimer job et happiness, vous misez sur :

- ○ Votre capacité de travail. Vous ne lâchez rien, vous êtes une bosseuse acharnée et vous kiffez ça !
- △ L'expression de vos talents. Rien ne vous plaît autant que d'apporter votre touche à un travail d'équipe, d'exprimer votre créativité et votre singularité.
- □ Le temps. Le bonheur au travail viendra avec l'expérience, un peu de patience…

Avez-vous le sentiment d'être reconnue dans votre travail ?

- □ Pas vraiment, si ce n'est une fois par an au cours de votre entretien d'évaluation.
- △ Oui, et cela compte beaucoup pour vous !
- ○ Vous n'avez pas le souvenir du dernier compliment de votre boss sur votre travail ou vos efforts !

Côté motivation et énergie, vous êtes…

- ○ Une pile ! Vous ne vous arrêtez jamais !
- △ Une marathonienne, l'important, c'est de tenir sur la durée !
- □ À la limite de la panne sèche !

FAITES LES COMPTES !

○	□	△

Vous avez une majorité de □ : *Vous êtes une happy workeuse qui a besoin de changement.*

À vue de nez, vous n'avez pas vraiment l'air de vous sentir heureuse dans votre job, et vous ne savez pas vraiment ni pourquoi ni par où commencer pour changer la donne. Ce dont vous avez besoin ? Faire le point sur vos envies et vos sources de motivation. Grâce aux bilans et aux programmes proposés dans ce cahier, vous allez pouvoir vous (re)découvrir et passer à l'action en adoptant la stratégie des petits pas. Un, deux, trois… C'est parti !

Vous avez une majorité de ○ : *Vous êtes une happy workeuse overbookée.*

Consciencieuse et perfectionniste, vous courez après le temps pour mener à bien vos missions au travail ! Vous aimez votre job, et vous vous y consacrez pleinement en ne comptant pas vos heures. Vous pouvez être fière de vous, mais vous avez aussi besoin

d'instaurer des rituels pour prendre soin de vous, lâcher prise et mieux concilier vie pro et vie perso, pour vous réapproprier votre temps et vous concentrer sur l'essentiel. Ça tombe bien, vous trouverez toute une série de routines miracles (ou presque) dans ce cahier. À vous de choisir celles qui vous correspondent le mieux pour faire rimer sérénité et efficacité. De quoi rendre vos journées de travail plus cool.

Vous avez une majorité de △ : *Vous êtes une happy workeuse en quête de sens.*

Il est essentiel pour vous que votre job ne soit pas seulement un moyen de gagner votre vie, mais qu'il ait du sens. Vous cherchez un métier en cohérence avec vos valeurs et des relations harmonieuses. Vous avez la sensation de l'avoir trouvé ? Bravo, mais attention tout de même à ne pas tout accepter : apprenez à dire non, sans craindre un éventuel conflit. Vous verrez qu'en posant vos limites, vous gagnerez en bien-être. Enfin, il y a une vie après le travail, et vous tenez à ce que celui-ci reste à sa juste place. Vous qui êtes toujours à la recherche d'idées pour améliorer votre équilibre vie pro-vie perso, vous trouverez dans ce cahier des astuces à tester et de nouveaux rituels à mettre en place. Go !

Chapitre 1

Je m'inspire en mode feel good !

Et si faire pétiller votre job commençait par réveiller le meilleur de vous-même ? Quelles activités vous font kiffer ? Qu'est-ce qui vous fait lever avec le smile ? Faites le point sur ce qui compte vraiment pour vous et imitez les champions du bonheur pour mettre des paillettes dans votre vie… même au travail !

Je m'inspire de la psychologie positive pour me mettre dans un happy mood

La psychologie positive ? Ça vous rappelle vaguement un TEDx écouté la semaine dernière, en avalant des sushis derrière votre ordi, histoire de boucler un mail censé partir deux jours plus tôt… Pourtant, ce courant de pensée a bien plus à vous apporter que vous ne pourriez le soupçonner ! C'est le moment de vous inspirer des gourous du positive thinking ! L'objectif : vous mettre dans le bon état d'esprit.

La psychologie positive, quésaco ?

Inventée il y a une vingtaine d'années, la psychologie positive cherche à mettre en lumière les déterminants et les sources de bien-être (notamment au travail), tout en contribuant à la réalisation et à l'accomplissement de soi. Comment ? En proposant des outils pratiques et simples à mettre en place au quotidien. De quoi devenir pleinement actrice de votre épanouissement professionnel !

Martin Seligman : Que les forces soient avec moi !

C'est qui, lui ?

Un professeur de psychologie de l'université de Pennsylvanie. Il est considéré comme l'un des pères de la psychologie positive.

Et il m'apprend quoi exactement ?

Martin Seligman a identifié 24 forces de caractère. Vous les possédez naturellement en vous (comme tout le monde), mais à des degrés différents : vous avez donc un profil vraiment unique. En d'autres mots, vous êtes fabuleuse ! Votre objectif : cultiver vos forces pour booster votre confiance en vous, votre bonheur et votre sentiment d'efficacité. Les employés qui utilisent régulièrement leurs forces au travail sont moins stressés que les autres (selon un sondage Gallup réalisé en 2014). Ils ont plus d'énergie, rient et sourient plus souvent. Bref, de façon générale, ils sont plus heureux au travail.

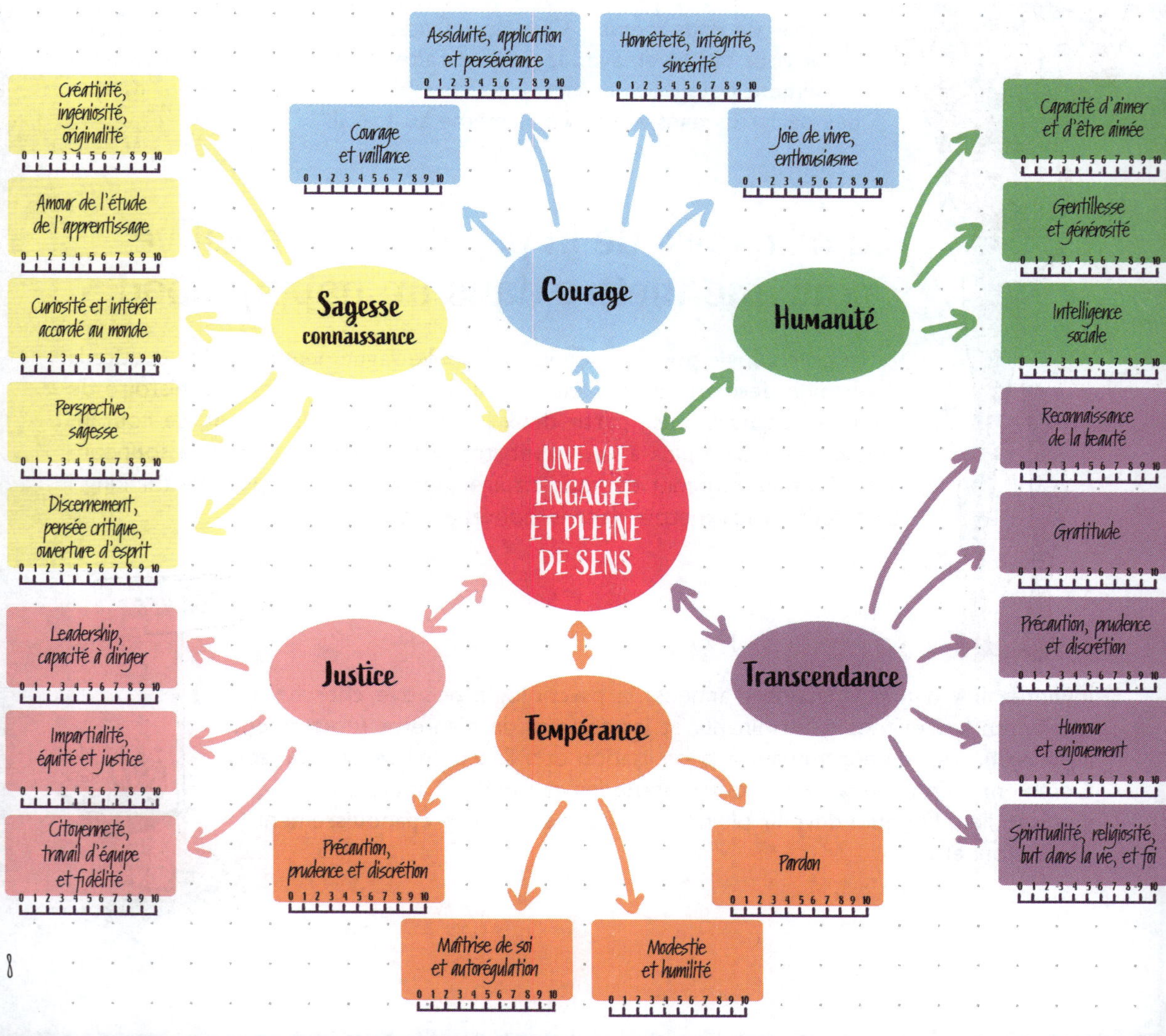

Mon exercice pour booster mes forces positives

1. Faites le test sur www.viacharacter.org pour découvrir vos 5 forces principales ou auto-évaluez-vous ci-dessus en remplissant l'échelle de 1 à 10 pour chaque force et identifiez les 5 mieux notées.
2. Prenez un peu de temps pour réfléchir à la manière dont vous les utilisez au quotidien et dont vous pourriez les utiliser à l'avenir. Pour faire ce petit bilan, complétez le tableau ci-dessous !

MA FORCE	JE L'ACTIVE AU TRAVAIL...	À QUELLE FRÉQUENCE ?	QUE PUIS-JE FAIRE POUR LA DÉVELOPPER AU QUOTIDIEN ?
Ex. Créativité	Lors de brainstorming, de projets transverses	... fois par semaine environ.	Lire, visiter des expos, essayer le mind-mapping, etc.
....	....	....	....
....	....	....	....
....	....	....	....
....	....	....	....

Vous utilisez souvent vos forces de caractère ? Parfait, continuez ainsi, utiliser régulièrement vos capacités ne peut que vous apporter le succès, vous rendre efficace, vous donner confiance en vous et vous procurer satisfaction. De quoi être heureuse dans son job !

Vous utilisez peu vos forces ? Il est temps de les entraîner, que ce soit au travail ou en dehors. Cela vous permettra de vous sentir utile, en phase avec vous-même et heureuse. Vous n'avez pas la possibilité de les exprimer au travail ? Cherchez bien ! Si ce n'est vraiment pas possible, peut-être que votre job ne vous correspond pas !

La citation qui m'inspire

« Je ne crois pas que vous devriez consacrer trop d'efforts à corriger vos faiblesses. [...] Le plus grand succès dans la vie [...] provient de la construction et de l'utilisation de nos forces personnelles. »
Martin Seligman, *La Fabrique du bonheur*

Sonja Lyubomirsky : Il n'y a pas de bonheur sans action

C'est qui, elle ?

Une chercheuse sur le bonheur. Elle est professeur à l'université de Californie, où elle dirige un laboratoire de psychologie positive.

Et elle m'apprend quoi exactement ?

Votre bonheur dépend de la génétique à 50 % (votre caractère, votre personnalité), des circonstances extérieures de la vie à 10 % (la météo, votre lieu de vie, les événements qui vous arrivent…), de vos activités et pratiques choisies à 40 % (votre job, vos décisions et activités du quotidien, etc.). Au boulot comme à la maison, vous avez donc une marge de manœuvre importante pour être plus heureuse : en voilà une bonne nouvelle !

Mon exercice pour oser la nouveauté !

Si 40 % de notre bonheur dépend de nos actions, il est temps de se bouger. La meilleure manière de trouver de nouveaux rituels qui vous rendent heureuse et vous font du bien est d'expérimenter ! Quand vous partez en voyage, vous aimez essayer de nouvelles activités, goûter des plats qui éveillent vos papilles, siroter des cocktails exotiques ou parler à des (beaux) inconnus ? Pourquoi ne pas en faire autant toute l'année ? Quelle est la dernière fois que vous avez testé quelque chose de nouveau ? Et, surtout, qu'aimeriez-vous, à l'avenir, faire d'inédit, dans vos journées de travail ? Aller au boulot à vélo, participer à une séance de yoga avec vos collègues, faire du télétravail, assister à des conférences… Listez tout ci-dessous !

Je note ici mes premières fois des derniers mois	Qu'est-ce que ça m'a apporté ?
………………	………………
Je note ici ce que j'aimerais faire de nouveau dans les semaines à venir	**Qu'est-ce que ça pourrait m'apporter ?**
………………	………………

➾ Calez ces petits moments de bonheur dans votre agenda de la semaine !

La citation qui m'inspire

« N'attendez pas que ceci ou cela vous arrive avant de vous autoriser à être heureux. Le bonheur n'est pas le terme d'un voyage où nous aborderions enfin la Terre promise. »
Sonja Lyubomirsky, *Comment être heureux et le rester*

Tal Ben-Shahar : Le bonheur est une affaire du quotidien

C'est qui, lui ?

À Harvard, son cours sur le bonheur a été le plus fréquenté de tous les temps avec 1 400 élèves par semestre ! Cet ancien professeur est aujourd'hui conférencier et auteur spécialisé en psychologie positive et leadership.

Et il m'apprend quoi exactement ?

Pas besoin de viser la perfection pour être heureux ! Par contre, c'est utile…

- d'accepter que tout n'est pas parfait. Oui, vous avez bafouillé au début de votre présentation. Oui, vous avez contacté un peu moins de prospects ce mois-ci. Et alors ? Vous avancez, et c'est bien là le principal.
- d'arrêter de vous imposer des exigences irréalistes. Viser la lune, ça ne vous fait pas peur ? Tant mieux ! Mais cela peut vous épuiser. Soyez plus indulgente avec vous-même et fixez-vous des échéances raisonnables.

Plus facile à dire qu'à faire ? Et si vous cultiviez l'empathie et le sens du « *done is better than perfect* » (« fait, c'est mieux que parfait ») pour vous et les autres ? Cela vous permettra d'avancer dans vos projets avec plus de sérénité, en étant à l'écoute de vos émotions et sans craindre le jugement des autres.

Mon exercice pour apprendre de mes échecs

Vos échecs sont les clés de vos futurs succès ! Prenez un quart d'heure pour vous souvenir d'une situation qui s'est soldée par un fiasco… et décryptez le tout ici !

Mon grand fail niveau job…	…………………………………………
Mes réactions, mes idées, mes émotions ressenties…	…………………………………………
Mes perceptions ont-elles évolué avec le temps ?	…………………………………………
Avec un peu de recul, mon échec a-t-il eu des effets bénéfiques ? Si oui, lesquels ?	………………………………………… …………………………………………

La citation qui m'inspire

« Apprenez à échouer ou vous échouerez à apprendre. »
Tal Ben-Shahar, *L'Apprentissage du bonheur*

Quelques podcasts qui font du bien !
Parce qu'échouer, ça arrive à tout le monde et que ça peut aboutir à de beaux résultats (ou pas), enregistrez ces podcasts ultra enrichissants dans votre bibliothèque (disponibles sur toutes les bonnes plateformes) !

- *La Leçon* de Pauline Grisoni : le podcast sur l'art d'échouer.
- *Superfail* de Guillaume Erner (France Culture) : le podcast sur l'erreur, l'échec, la catastrophe !

Mihály Csíkszentmihályi : L'état de flow comme source du bonheur

C'est qui, lui ?

La conférence TEDx de ce psychologue hongrois cumule plus de 6 millions de vues !

Et il m'apprend quoi exactement ?

Remarquant que l'argent ne fait pas le bonheur, il a observé ceux qui trouvent du plaisir et une satisfaction durable dans leur vie. Leur secret : le flow ! Le flow, c'est cette sensation d'être si totalement immergé dans une activité que tout ce qui se passe autour de vous n'a plus d'importance. C'est ce que l'on ressent quand on fait du dessin et qu'on est totalement absorbée, par exemple. Votre attention est centrée sur ce que vous faites. Et là, vous êtes envahie par un sentiment de joie, une sensation d'être pleine d'énergie et comblée. Le bonheur, en somme. Mais pour vous faire entrer en flow, une activité doit…

1. vous absorber complètement (vous devez être pleinement concentrée dans l'instant),
2. représenter un défi qui mobilise tout votre potentiel mais reste à votre mesure.

Pas toujours facile !

Mon exercice pour me (re)mettre dans le flow

Avez-vous déjà été en situation de flow ? On a souvent l'impression que le flow est possible seulement dans les activités artistiques, mais c'est faux ! Il existe au travail ! Animer une conférence sur un sujet qui vous passionne, transmettre votre savoir-faire à un jeune stagiaire, rencontrer un nouveau client, écouter et aider vos patients… Identifiez ces moments où vous vous êtes sentie totalement absorbée dans une tâche, enthousiasmée par ce que vous faisiez, vous sentant parfaitement à la hauteur, maîtrisant votre sujet, ne voyant pas le temps passer…

QUELLE ACTIVITÉ FAISIEZ-VOUS ?	QUELLES COMPÉTENCES AVEZ-VOUS MOBILISÉES ?	QUELLES ÉMOTIONS AVEZ-VOUS RESSENTIES ?
…………………………	…………………………	…………………………
…………………………	…………………………	…………………………
…………………………	…………………………	…………………………

➾ Vous avez des souvenirs de flow ? Super, faites désormais en sorte de les reproduire le plus vite (et le plus souvent) possible : vous avez découvert ce qui vous rend heureuse dans votre job !

Aucun souvenir ne vous revient ? Cherchez bien, les petits moments de flow peuvent exister dans chaque métier ! Sinon, ce n'est pas grave ! Listez les activités qui pourraient vous mettre dans un état de flow, et planifiez-en au moins une dans votre agenda de la semaine.

La citation qui m'inspire

« La vie d'un individu ressemble à la façon dont il utilise son attention. »
Mihály Csíkszentmihályi, *Vivre : La psychologie du bonheur*

Shawn Achor : Changer d'état d'esprit change la vie

C'est qui, lui ?

Assistant de Tal Ben-Shahar à Harvard, ce jeune quadra a fondé l'Institut de recherche appliquée en psychologie positive et un cabinet de conseil en psychologie positive appliquée au travail.

Et il m'apprend quoi exactement ?

Votre perception du monde a un réel impact sur votre bonheur, votre épanouissement et votre réussite. Et bonne nouvelle : vous pouvez la modifier. Il suffit pour cela de vous entraîner à regarder les événements autrement.

Mon exercice pour changer de perspective

Observez une situation que vous avez perçue négativement, puis essayez de la voir sous un autre angle, à travers les yeux de quelqu'un d'autre. L'intérêt ? En recherchant des points de vue différents, il est possible, d'une part, d'ajouter des détails qui permettent une vision plus complète, d'autre part, de repérer les points positifs.

La situation qui m'a ennuyée…	Ex. Mon chef ne m'a pas dit bonjour.	
Mon point de vue…	Ex. Il ne m'aime pas.	
Le point de vue que pourraient avoir les autres…	Ex. Il est peut-être fatigué ou contrarié. Il ne m'a pas vue. Il était très pressé et est revenu quelques minutes plus tard…	

Vous voyez, vous êtes un peu trop centrée sur vous et votre interprétation des choses ! Votre vision est déformée, alors que les autres ont une perception bien moins critique. Gardez la tête froide, prenez du recul, et vous vous sentirez bien plus heureuse !

La citation qui m'inspire

« Ce n'est pas le succès qui provoque le bonheur, mais le bonheur qui attire le succès. »
Shawn Achor, *Comment devenir un optimiste contagieux*

World tour pour m'inspirer de nouveaux rituels zen

Et si vous vous inspiriez des trucs et astuces des champions du bonheur et de la zénitude pour gagner en sérénité en toutes circonstances ? Accrochez votre ceinture, c'est parti !

Escale n° 1 : le Japon pour trouver du bon en chaque chose

Le wabi-sabi, quésaco ?

Le wabi-sabi est un art de vivre qui prône le retour à l'essentiel, même au travail ! Il s'agit plus particulièrement…

- d'accepter vos imperfections et celles du monde,
- d'aimer ce qui vous entoure,
- de mener une vie simple.

Votre mission : adopter cette manière de penser et transposer cette philosophie au bureau en vous rappelant que, finalement, votre open space a du bon, que vos collègues sont certes un peu too much, mais hyper attachants, que votre boulot a ses mauvais côtés, mais que vous vous y épanouissez… C'est plus compliqué que vous ne le pensiez ? Commencez peut-être par adopter un regard bienveillant sur vous-même et sur les autres, privilégiez les relations humaines en dépit des « urgences » ou encore arrêtez de vouloir être la meilleure à tout prix !

C'est décidé, je me lance !

Listez tous les petits moments qui ont égayé vos journées dans les semaines ou les mois qui viennent de s'écouler. Ce sont des joies simples, mais authentiques : les fous rires avec vos collègues, un café avec votre boss, une discussion agréable avec un client, le merci d'un fournisseur, le sourire des standardistes à l'accueil, etc.

Escale n° 2 : le Danemark pour tout concilier

Arbe… Arbedjd… Arbedjdsglaede (à vos souhaits) !

Ce terme (certes un peu compliqué à prononcer) signifie littéralement « le bonheur de travailler » en danois. Et si la majorité des Danois aiment leur boulot, c'est parce qu'ils ont un secret : la flexibilité ! Vous pensez que vos (trop) longues heures derrière votre ordi prouvent votre valeur ? Au Danemark, ce présentéisme serait particulièrement mal vu ! En effet, rester au bureau après 17 heures ou potasser le week-end, c'est out, et surtout, c'est le signe d'une mauvaise organisation et d'un mauvais management ! Par contre, cette flexibilité va dans les deux sens. Une urgence, un dossier à boucler et les salariés sont là à 100 % !

Le hygge ? Je suis fan !
Si les Danois sont heureux au bureau, ils sont aussi souvent happy dans la vie ! Et pour cause : ils sont adeptes du hygge. Récemment introduit dans le dictionnaire, au top sur les réseaux, ce terme est difficile à traduire littéralement, car il renferme tout un monde de nuances : profiter des petits plaisirs de la vie, créer une atmosphère accueillante chez soi ou au bureau, partager de bons moments avec les personnes que l'on aime… Alors, tentée ?

C'est décidé, je me lance !

Essayez de partir un peu plus tôt au moins une fois par semaine. Réfléchissez aussi aux (vraies) raisons qui vous poussent à rester tard et faites un petit bilan par ici !

Mes horaires cette semaine	Pourquoi suis-je restée si tard ?	Les conséquences de cette journée à rallonge ?	Mes idées pour améliorer la situation…

Si vous avez clairement trop travaillé cette semaine, s'agit-il d'une période de rush occasionnelle ou est-ce ainsi toute l'année ? Si cela perdure, parlez de votre charge de travail à votre boss pour trouver ensemble des solutions : délégation de certaines missions, journées de télétravail, automatisation de tâches administratives…

Escale n° 3 : le Québec pour avoir une approche collective

La certification Entreprise en santé : c'est quoi ?

Au Québec, il existe une méthode très structurée et une norme en matière de santé et qualité de vie au travail (SQVT) : la certification Entreprise en santé. Sa particularité ? Elle prend en compte de façon globale la santé physique et psychologique des salariés, cherche à concilier vie pro et vie perso, à offrir un environnement de travail épanouissant et à garantir des pratiques de management humaines ! Point clé : les Québécois considèrent la SQVT comme une responsabilité partagée. Les boss comme les travailleurs doivent y mettre du leur pour que le système soit gagnant-gagnant.

C'est décidé, je me lance !

Au bureau, vous pouvez proposer de mettre en place de petites initiatives bien-être : des paniers de fruits à partager, des séances de sport le midi entre collègues, un potager au bureau, etc. En panne d'idées ? Allez donc voir les actions mises en place par les entreprises – des PME comme des grands groupes et des start-up – labellisées Great Place to Work (www.greatplacetowork.fr/) ou Top Employers (www.top-employers.com/fr/).

Escale n° 4 : la Suède pour trouver le bon équilibre

Le lagom ? Of course, je connais !

« Ni trop, ni trop peu », « ce qui est juste », « ce qui est suffisant »… Voilà quelques-unes des traductions du lagom, cette philosophie suédoise reposant sur une recherche de l'équilibre personnel par la pondération. L'idée ? Se concentrer sur les plaisirs simples et prendre le temps de vivre, travailler pour vivre… et pas l'inverse ! Concrètement, cela donne quoi ? Des journées de travail qui se terminent tôt comme il faut / à l'heure de l'apéro, davantage de travail à temps partiel, de télétravail…

C'est décidé, je me lance !

Et s'il suffisait d'une vraie pause entre collègues pour booster votre bien-être au travail ? Les Suédois, qui sont parmi les salariés les moins stressés du monde, ont un rituel sacré baptisé *fika*. Ce mot dérivé de *kaffe* (café) désigne la pause, de 10-15 minutes, qui a lieu deux fois par jour, vers 10 heures et 15 heures, afin de prendre un café et grignoter avec ses collègues. Et interdit de discuter de dossiers boulot ! L'idée est vraiment de prendre de la distance par rapport au travail. À la clé : plus d'efficacité et de créativité car vous aurez ainsi pris du temps pour vous changer les idées au lieu de travailler de manière excessive (et l'excès, on le sait, est à l'opposé de la modération du lagom).

Escale n° 5 : la Finlande pour un mental à toute épreuve

Si tu savais ce qu'est le sisu…

Selon le dernier rapport mondial du bonheur, publié par l'ONU, les Finlandais sont les plus heureux du monde. Leur truc à eux ? Le sisu, un mélange de ténacité, de courage, de force intérieure et de résilience. Un état d'esprit qui se forge en tentant toujours de transformer les épreuves en opportunités et se cultive en s'entourant de nature. Tout un programme !

C'est décidé, je me lance !

Tentée de vivre avec le sisu ? Il va falloir vous forcer à sortir de votre zone de confort au quotidien ! Réveillez la warrior qui est en vous et lancez-vous des défis ! Vous verrez qu'une fois la machine lancée, vous oserez de plus en plus facilement.

À vous de jouer !

- Vous êtes plutôt en mode pilote automatique lors de vos trajets quotidiens en métro ? Tentez de changer d'itinéraire pour aller au bureau ou faites du covoiturage !
- Vous êtes archi-timide ? Prenez la parole en réunion ou faites une pause café avec un collègue que vous connaissez peu !
- Vos déjeuners, c'est derrière l'ordi ou (au mieux) à la cafet ? Prenez l'habitude de faire une balade digestive au parc du coin (si possible, évidemment) histoire de vous ressourcer dans la nature !

Ma happiness box du bonheur au travail

Si le dimanche soir vous donne le blues et le son de votre réveil éveille l'ourse qui sommeille en vous, c'est sûrement que votre recette du bonheur au travail a un peu tourné… Qu'est-ce qui est fondamental pour votre épanouissement professionnel ? Qu'est-ce qui vous motive, vous donne envie d'aller bosser ? Lancez-vous dans une petite réflexion pour vous aider à vous lever du bon pied et à profiter de vos journées !

Je choisis mes ingrédients

Des ingrédients, oui, mais lesquels ?

Il n'existe pas qu'une seule recette du bonheur ou du bien-être au travail, même si les ingrédients de base sont souvent les mêmes, à savoir…

- **L'ambiance.** Pour vous, le kif au travail, c'est de retrouver vos collègues, d'avoir un bon manager, un binôme sur qui vous pouvez toujours compter, des moments de fun ? C'est souvent le cas ! La preuve : l'ambiance est la première source de satisfaction ou d'insatisfaction au boulot !
- **La reconnaissance.** Un compliment, des félicitations, des encouragements, la confiance en vous et en votre travail… Quand vos compétences et votre travail sont reconnus, cela vous booste. À l'inverse, si personne ne prend note de vos efforts, à quoi bon en faire ? #démotivation

- **La rémunération.** Évidemment que le salaire compte (même s'il ne fait pas tout) ! Certes, vous aimez votre emploi, mais vous ne faites pas du bénévolat ! Donner de votre personne, OK, mais il faut aussi que vous puissiez recevoir (une rémunération notamment) à la même mesure !
- **La conciliation vie pro-vie perso.** Le travail, c'est bien, mais avoir une vie en dehors, c'est encore mieux ! Sacrifier votre vie perso, vos sorties, vos passions pour votre taff : pas moyen ! Il est nécessaire de s'occuper de soi et de se ressourcer pour pouvoir travailler.
- **Le sens.** Travailler, c'est bien, mais être utile, avoir un travail qui correspond à vos valeurs, qui crée quelque chose, qui rend service, c'est encore mieux ! Le contenu de vos missions et de vos projets est votre carburant !

- **L'autonomie.** Vous aimez que l'on vous fasse confiance et avoir suffisamment de marge de manœuvre pour mener vos missions comme bon vous semble. Travailler d'où vous voulez, quand vous voulez, gérer vos projets : le luxe !
- **La formation.** Continuer d'apprendre tout au long de votre vie, sans vous cantonner à ce que vous avez appris à l'école, c'est motivant ! Cela passe par des formations via des organismes professionnels, mais pas seulement. Faire de nouvelles rencontres, assister à des conférences, être curieuse, lire des revues ou des sites spécialisés… Tout ce qui vous stimule intellectuellement vous épanouit.
- **Un bon environnement de travail.** Avoir les bons outils, recevoir des directives claires, travailler dans un cadre agréable, travailler en plein air… C'est le B.A.-BA pour vous !

Qu'est-ce que ça donne ?

Afin de vous faire une idée du bon mix d'ingrédients pour savourer votre boulot, complétez le podium ci-dessous en indiquant les 3 piliers qui vous paraissent les plus importants !

1. ....
2. ....
3. ....

➾ Plus vous aurez une préférence marquée pour un de ces piliers, plus son influence sur votre satisfaction au travail sera grande. D'où l'importance de lui donner la place qu'il mérite dans votre quotidien pro ! Mais n'oubliez pas : ce qui vous rend le plus heureuse aujourd'hui peut aussi évoluer dans le temps et au gré des changements dans votre vie personnelle et/ou professionnelle. Une fois les critères clés à vos yeux choisis, réfléchissez à votre vie professionnelle actuelle :

y a-t-il adéquation entre ce qui compte pour vous et la réalité de votre quotidien ? Avez-vous déjà en tête des pistes d'amélioration ?

Je fais mon bilan happiness in job

La roue du bien-être, c'est quoi ?

À l'origine, la roue du bien-être permet d'évaluer son niveau de bien-être en se fondant sur les 5 éléments (émotions positives, engagement, relations, sens et accomplissement) mis en avant dans le modèle PERMA de Martin Seligman (vous vous souvenez, le père de la psychologie positive ?). Voici une version revisitée de cet outil pour une évaluation en mode happiness in job !

Qu'est-ce que ça donne ?

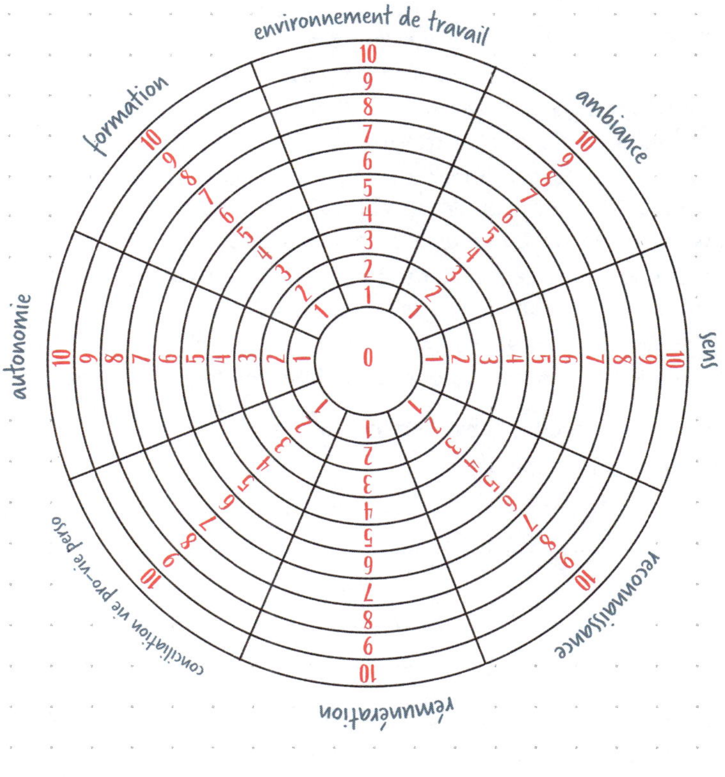

Cette roue va vous permettre de prendre conscience de votre situation actuelle et de commencer à imaginer des actions concrètes pour chacune des dimensions y figurant. Pour cela, notez de 1 à 10 où vous vous situez dans les 8 ingrédients du bonheur au travail et coloriez le nombre de grades correspondant sur la roue. Vous verrez ainsi se dessiner un premier bilan, sans jugement, comme une photographie actuelle de votre satisfaction professionnelle. Pour y parvenir, posez-vous ces quelques questions :

- **Ambiance :** êtes-vous satisfaite de la qualité de vos relations au travail (collègues, managers, clients, fournisseurs, etc.) ? Entretenez-vous ces relations via des moments conviviaux, des temps en dehors du travail, du networking ?
- **Sens :** quelles missions donnent du sens à votre travail ? Avez-vous le sentiment d'être utile, de contribuer à un projet qui vous correspond ? Parlez-vous positivement de votre travail à vos proches, sur les réseaux sociaux ?
- **Reconnaissance :** qu'est-ce qui vous rend fière dans votre travail ? Êtes-vous régulièrement félicitée par votre manager, vos collègues ou vos clients ? Écoutent-ils vos idées et vos propositions ?
- **Rémunération :** avez-vous le sentiment d'être payée à votre juste valeur ? Quand avez-vous été augmentée pour la dernière fois ? Est-ce que votre salaire est source de frustration ?
- **Conciliation vie pro-vie perso :** avez-vous suffisamment de temps pour vous, votre famille, vos amis et vos loisirs en dehors du travail ? Êtes-vous fatiguée de manière récurrente ?
- **Autonomie :** avez-vous le sentiment que l'on vous fait confiance au travail ? Pouvez-vous télétravailler ? Vos horaires de travail sont-ils souples, adaptables à vos besoins ? Choisissez-vous la manière de mener à bien vos missions ?
- **Formation :** apprenez-vous régulièrement des choses nouvelles ? Avez-vous récemment fait une formation ? Avez-vous l'impression de grandir au travail ?
- **Environnement de travail :** votre cadre de travail vous apporte-t-il du confort et de la stabilité ? Travaillez-vous dans de bonnes conditions matérielles et psychologiques ?

➾ Votre roue est complétée ? C'est l'heure du bilan !

1. Constatez-vous des déséquilibres ?

…………………………………………………………………………………………

…………………………………………………………………………………………

…………………………………………………………………………………………

…………………………………………………………………………………………

…………………………………………………………………………………………

2. Commencez à réfléchir à des actions que vous pourriez mettre en place pour booster les éléments les moins bien notés (s'ils sont importants à vos yeux) :

…………………………………………………………………………………………

…………………………………………………………………………………………

…………………………………………………………………………………………

…………………………………………………………………………………………

…………………………………………………………………………………………

3. Réfléchissez à des actions à mener pour maintenir les mieux notés à un bon niveau :

....

....

....

....

4. Passez en revue chaque action, et ne retenez que celles répondant à des objectifs SMART (p. 30), c'est-à-dire Simples, Mesurables, Ambitieux, Réalisables et Temporels.

➠ Refaites cette évaluation après la lecture de ce cahier et tous les ans afin de voir si votre niveau de satisfaction dans chaque domaine s'est amélioré !

Mon travail en mode feel good !

Votre recette idéale ? Vous l'avez trouvée (ou presque) ! Mais si vous y ajoutiez un peu de sel ou une pincée de je-ne-sais-quoi qui donne immédiatement le sourire ? Creusez-vous les méninges : que pourriez-vous améliorer dans votre quotidien au travail ? La question à vous poser : comment je pourrais intégrer des petits plaisirs pour pimper mes journées ? En faisant plus de pauses, en instaurant un rituel pique-nique avec vos collègues ?

Qu'est-ce que ça donne ?

- Commencez par lister ci-dessous tout ce que VOUS pourriez changer sans trop de difficultés…
- Fixez-vous ensuite des objectifs. Concrètement, cela donne quoi ? Allez-y progressivement, petit pas par petit pas en visant des objectifs mensuels que vous décomposez en différentes initiatives. Pour vous aider à les visualiser et à les organiser, vous pouvez réaliser une mind map par mois.

MA LISTE DES PETITS RIENS À CHANGER POUR ME FAIRE DU BIEN	MES OBJECTIFS MENSUELS	MES INITIATIVES POUR LES ATTEINDRE
Ex : Je deviens moins sédentaire.	Avril : Marcher plus !	– Je descends une station plus tôt du métro ou du bus. – Je marche 15 minutes pendant ma pause déj. – Je télécharge une appli fit pour me motiver et tracker mes pas (Run Keeper, Google Fit, My Fitness Pal).
....	....	....

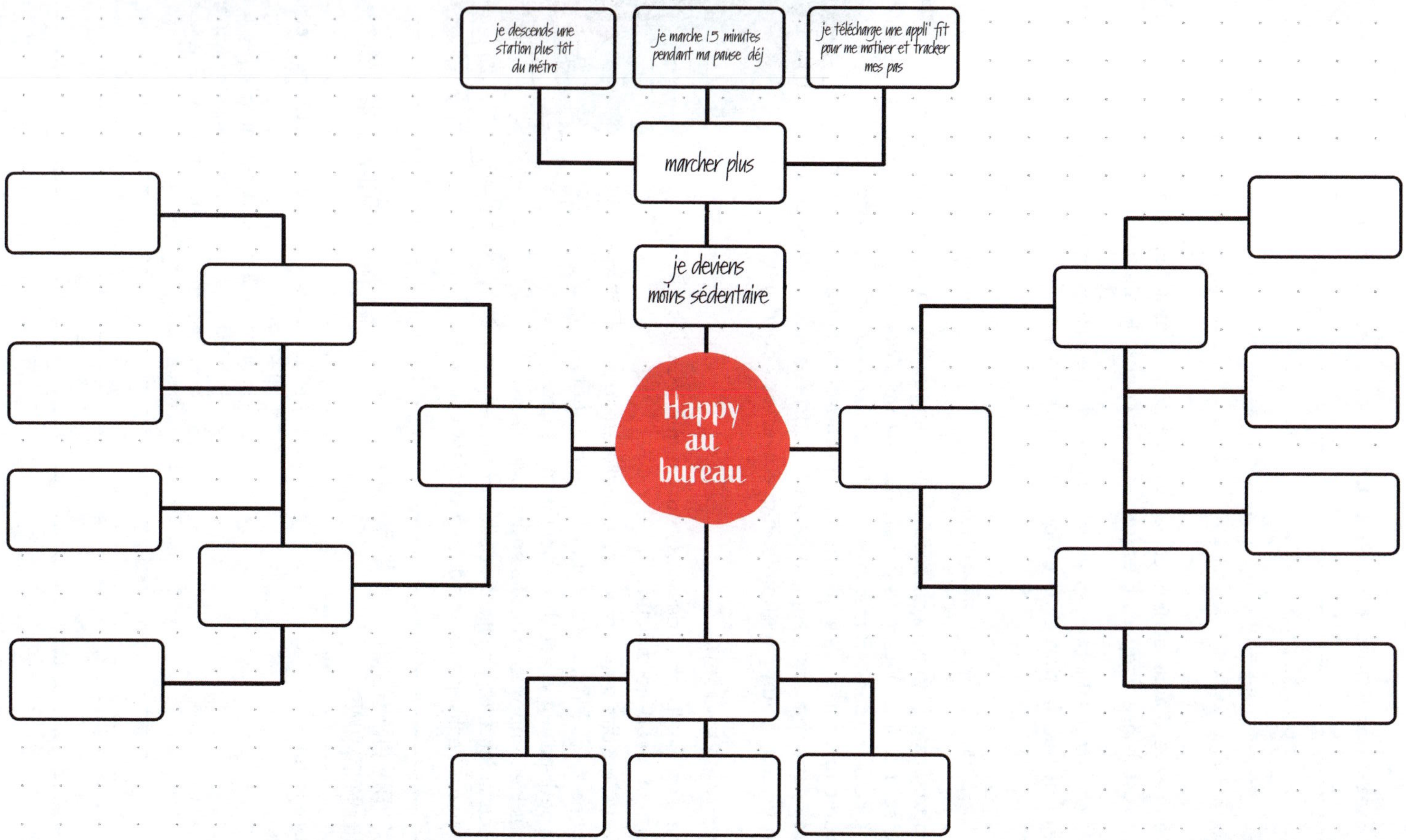
je descends une station plus tôt du métro
je marche 15 minutes pendant ma pause déj
je télécharge une appli' fit pour me motiver et tracker mes pas
marcher plus
je deviens moins sédentaire
Happy au bureau

Chapitre 2

J'identifie mes aspirations profondes

Après ce premier tour d'horizon, il est temps de scruter d'encore plus près ce qui constitue votre job de rêve (car, oui, vous le valez bien !). Qu'est-ce qui vous anime et vous fait vibrer ? Vous sentez-vous suffisamment utile et alignée ? La crise de la Covid-19 a (re)mis sur le devant de la scène la quête de sens pour de nombreuses personnes. Et si vous cheminiez vous aussi pour trouver LE job qui vous plaît et vous correspond vraiment ?

Mon programme #LoveMyJob

Donner du sens… En voilà une expression à la mode ! Alors, certes, sur le papier, cela vous fait rêver, mais en réalité, cela reste quand même très abstrait ! Qu'est-ce que cela veut dire exactement ? Comment vous y prendre concrètement pour mener à bien votre quête de sens ? Voici la marche à suivre en 5 étapes.

Étape 1 : Je travaille sur mes valeurs

Bosser dans l'industrie lourde alors que vous êtes super green, subir tous les jours un boss harceleur alors que, pour vous, rien ne vaut le respect… Vous n'êtes peut-être pas dans une situation aussi extrême, mais vous êtes bien obligée de le constater : votre job et vos valeurs ne sont pas toujours vraiment alignés ! Il est temps que ça change !

À quoi ça sert de bosser sur mes valeurs ?

Vos valeurs sont essentielles dans votre travail : elles vous guident comme des boussoles pour trouver du sens et de la motivation, pour garder le cap en cas d'échec, mais aussi pour vous focaliser sur l'essentiel. En les replaçant au centre de votre vie pro, vous aurez l'impression d'être plus cohérente, plus en phase avec vous-même !

Une valeur, c'est quoi au juste ?

Vous est-il déjà arrivé d'avoir la sensation que quelque chose dans votre travail ou dans votre vie sonne faux ? Si c'est le cas, c'est sûrement que vous étiez en désaccord avec vos valeurs. Vos valeurs (que vous ayez la liberté chevillée au corps ou que vous placiez le respect comme la base de toute relation) sont la raison pour laquelle vous êtes attirée par certaines personnes, entreprises ou missions, et repoussée par d'autres, mais aussi la raison pour laquelle certaines choses vous tiennent tellement à cœur, et d'autres vous semblent complètement sans intérêt. Les trois caractéristiques d'une valeur ? Elle est personnelle, motivante et centrale dans vos décisions.

Alors, je m'y prends comment ?

1. **Pour commencer, prenez quelques minutes pour noter toutes vos valeurs.** Besoin d'inspiration ? Parcourez la liste ci-dessous et entourez tous les termes qui vous parlent, qui résonnent en vous, les concepts très importants pour vous, en essayant de ne pas trop réfléchir. Soyez spontanée : votre intuition saura vous guider ! Pour le moment, ne vous limitez pas en nombre.

abondance
acceptation
accomplissement
achèvement
adaptabilité
affection
affirmation
agilité
altruisme

aide
ambition
amitié
amour
appréciation
apprentissage
assurance
attraction
audace
authenticité
autodiscipline
autonomie
autorité
aventure
beauté
bien-être
bienveillance
bonheur
bravoure
calme
chaleur

changement
charme
clarté
cohérence
collaboration
compassion
compétence
compréhension
concentration
confiance en soi
confort
conscience
contentement
contrôle
conviction
convivialité
coopération
cordialité
courage
courtoisie
créativité

croissance
culture
curiosité
découverte
défi
désir
détermination
devoir
dévotion
dignité
diligence
discipline
discrétion
disponibilité
discipline
diversité
droiture
dynamisme
éducation
efficacité
égalité

empathie
encouragement
endurance
engagement
enthousiasme
équité
espérance
esthétique
excellence
exigence
expertise
expressivité
extravagance
famille
fermeté
fiabilité
fidélité
flexibilité
force
fraîcheur
franchise
gaieté
générosité
gratitude
harmonie
héroïsme
honnêteté
humilité
humour
importance
indépendance
influence
ingéniosité
intelligence
intimité
intrépidité
jeunesse
joie
justice
liberté
lucidité
maîtrise
médiation
nature
obligation
ordre social
ouverture d'esprit
paix
partage
performance
plaisir
politesse
prévenance
profondeur
proximité
raffinement
réalisation
réciprocité
réflexion
relaxation
résignation
respect
responsabilité
retenue
richesse
rigueur
sacré
sagesse
sang-froid
santé
satisfaction
sensibilité
sensualité
sérénité
sexualité
silence
simplicité
sincérité
sociabilité
solidarité
solitude
spiritualité
spontanéité
stimulation
structure
succès
surprise
sympathie
synergie
tradition
tranquillité
transmission
unité
utilité
variété
vérité
vigilance
vitalité
vivacité
volonté.

2. **Puis faites un petit exercice de synthèse !** Cherchez, dans votre liste, les valeurs qui se recoupent, qui tournent autour de la même notion (comme l'altruisme, la compassion et la sympathie, par exemple). Regroupez-les et choisissez le mot qui représente, selon vous, le mieux le groupe.

Les groupes que j'identifie :

○ ....

○ ....

○ ....

○ ....

○ ....

Etc.

3. **Ensuite, retenez l'essentiel !** Réduisez votre sélection à vos valeurs fondamentales. Quel est votre top 5 ? Pour le savoir, si ce n'est pas déjà fait à l'étape précédente, posez-vous cette question (pas facile facile, certes) en toute honnêteté : « Si je n'avais pas le choix et que je devais vivre sans l'une de ces valeurs, laquelle pourrais-je sacrifier ? »

4. **Pour finir, donnez du sens à vos valeurs :** que signifient-elles pour vous ? Comment pouvez-vous les incarner dans votre job ?, etc. Pensez à des actions que vous pouvez mettre en place au boulot pour y rester fidèle.

JE NOTE ICI MON TOP 5	LE SENS QUE JE DONNE À CETTE VALEUR (C'EST IMPORTANT CAR...)	COMMENT L'APPLIQUER AU TRAVAIL ?	À L'AVENIR, JE PENSE...
1.			
2.			
3.			
4.			
5.			

L'astuce en plus
Vous avez peur de perdre de vue vos valeurs ? Organisez un bilan hebdomadaire ou mensuel rien que pour vous ! Au programme de ce petit meeting avec vous-même, quelques questions : « Ai-je été en phase avec mes valeurs dans ma vie pro ? », « En ai-je négligé certaines ? », « Comment rectifier le tir ? »...

Étape 2 : Je trouve MON ikigai

Se lever avec la pêche et l'envie d'aller bosser, ça vous fait rêver ? C'est possible en identifiant votre ikigai. Le but du jeu ? Trouver quelle activité pro peut vous permettre d'exprimer vos talents, au service d'une mission qui vous tient à cœur, tout en gagnant suffisamment d'argent pour vivre comme vous en avez envie.

À quoi ça sert de trouver sa raison d'être ?

Le terme japonais *ikigai* désigne tantôt « la joie de vivre », tantôt « la mission de vie ». C'est, plus globalement, votre raison de vous lever le matin ou votre raison d'être (rien que ça !). En gros, l'ikigai est ce qui vous motive et nourrit votre élan vital. Niveau pro, l'ikigai désigne le job qui vous correspond, avec lequel vous êtes en phase. Il cristallise tout ce que vous êtes. Il vous met en joie rien qu'à l'idée de l'exercer ou de le cultiver. Sorte de leitmotiv personnel, il désigne le sens que vous souhaitez donner à chaque journée de votre vie. Et, bonne nouvelle : trouver votre ikigai (et le cultiver) garantirait de vivre heureux, de trouver votre juste place !

Alors, je m'y prends comment ?

Votre ikigai se trouve au croisement de ce que vous savez faire, de ce que vous aimez faire, de ce pour quoi vous pouvez être payée et de ce que vous apportez au monde. Il se matérialise sous la forme de cercles entrecroisés. Réfléchissez aux questions ci-dessous et inscrivez les réponses directement sur le schéma !

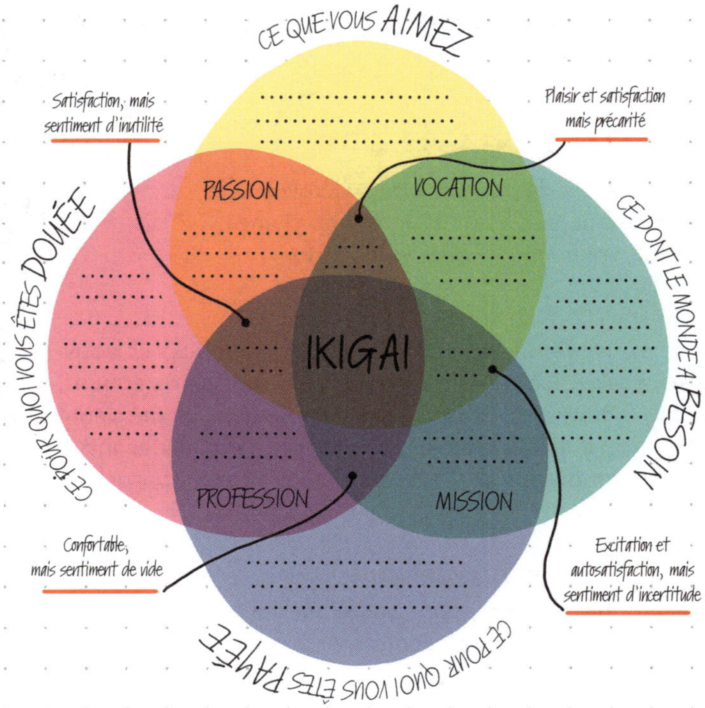

- **Ce pour quoi vous êtes douée :** quels sont vos talents ? Dans quoi êtes-vous naturellement bonne ? Sur quoi vous fait-on régulièrement des compliments ? Quelques exemples pour vous aider : trouver de bonnes formules, écouter les autres, la pédagogie, la communication, la peinture…
- **Ce que vous aimez :** il ne s'agit pas forcément d'une passion. Qu'est-ce qui vous intéresse vraiment ? Qu'aimiez-vous faire enfant ? Qu'adorez-vous dans votre travail ? Quelques exemples pour vous aider : écrire, animer des formations, être utile aux autres, parler, être au grand air…
- **Ce dont le monde a besoin :** quelles causes vous touchent particulièrement ? Quel impact avez-vous envie de laisser sur Terre ? Comment pouvez-vous faire plaisir aux autres, les aider, leur apporter plus de bien-être ? Quelques exemples : développement durable, empathie, création de liens entre les gens, enseignement, aide sociale…
- **Ce pour quoi vous pouvez être payée :** quelles sont vos compétences ? Quel poste occupez-vous actuellement ou pourriez-vous occuper compte tenu de votre expérience ? Quelques exemples : la gestion de projets, la formation, le community management…

Maintenant que vous avez rempli les cercles extérieurs, recoupez les concepts des cercles adjacents pour extraire des mots-clés à mettre dans les zones passion, vocation, mission, profession. Et enfin, identifiez dans les mots-clés de ces 4 zones ce qui peut se concilier. Bravo, vous avez trouvé votre ikigai !

Ikigai un jour, ikigai toujours ?
Vous êtes heureuse d'avoir ENFIN mis le doigt sur votre ikigai ? N'oubliez pas que le concept peut être évolutif ! Ainsi, vous ferez peut-être partie de ces personnes pour qui il changera avec l'âge, ne sera pas le même à 20 ou à 40 ans. Ou, au contraire, votre ikigai restera peut-être le même tout au long de votre vie, qui sera alors guidée par ce fil conducteur.

Étape 3 : Je visualise ma vie rêvée

Petite, vous rêviez peut-être de devenir Dora l'Exploratrice ou Sailor Moon ? Heureusement, vos ambitions ont changé… Mais savez-vous aujourd'hui vraiment de quoi vous rêvez ?

À quoi ça sert de rêver ma vie idéale ?

Avoir une vision de votre vie idéale peut vous donner un cap et vous aider à savoir où vous allez. Cette vision donnera du sens à vos actions, elle vous guidera dans la bonne direction. Consciemment ou inconsciemment, ces images de votre vie rêvée vous inspireront, vous aideront à vous projeter et vous donneront de l'énergie pour vous en approcher le plus possible.

Alors, je m'y prends comment ?

Imaginez quelle serait, pour vous, la meilleure vie possible, dans 5 ou 10 ans par exemple, en veillant (évidemment) à rester bienveillante et positive. À noter toutefois : cette vie idéale doit aussi être réaliste, sinon l'exercice perd de son intérêt. Décrivez votre quotidien, votre travail, vos engagements, vos loisirs… Tout ce qui vous fera vous sentir pleinement heureuse et épanouie, en accord avec vous-même et fière de votre job. À quoi ressembleront vos semaines ? Quel sera votre style de vie ? Où habiterez-vous ? En quoi consistera votre travail ? Prête à vous lancer ? Complétez simplement la phrase ci-dessous !

Si tout était possible, dans 5 ou 10 ans,

- je serais ....

  ....

- je ferais ....

  ....

- j'aurais ....

  ....

Cette vision vous permettra de combiner votre job de rêve à la vie qui va avec, et non ce qui est le plus facile ou le plus accessible à l'instant T.

Mon tuto pour identifier mes aspirations profondes

Si vous avez envie d'aller plus loin ou si vous êtes plutôt visuelle, tentez de réaliser votre constellation de vie, un outil imaginé par Carole Cesareo, cofondatrice de Art for Me.

Le matériel qu'il vous faut :

- Une feuille blanche
- Un stylo
- Des feutres / crayons de couleur, suivant votre préférence

How to do

- Commencez par écrire votre prénom au centre d'une feuille de brouillon, puis tracez plusieurs cercles concentriques autour.
- Notez autour de ces cercles tout ce que vous aimez, qui vous rend heureuse (une vingtaine d'idées), par ordre d'importance, du plus proche au plus éloigné de vous, dans les domaines du quotidien, du travail, des loisirs, des engagements…
- Amusez-vous ensuite à illustrer votre constellation positive en travaillant les lettrages, en ajoutant des dessins et en donnant plus d'importance à ce qui compte le plus pour vous.

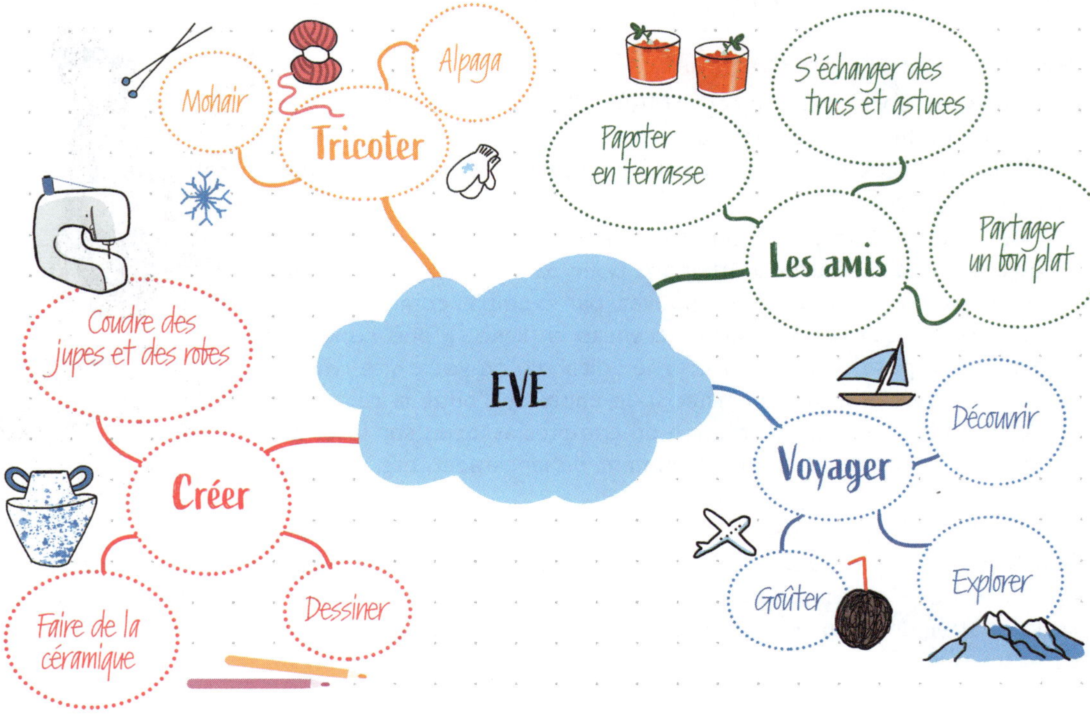

Cet exercice créatif vous a permis d'élargir le champ des possibles. N'hésitez pas à l'afficher dans votre bureau ou à le garder dans un carnet à portée de vue pour vous rappeler ce qui compte vraiment pour vous.

Étape 4 : J'adopte la stratégie des petits pas pour atteindre mon objectif

Pour vous, les projets de boulot, la reprise du sport, la lecture des bouquins qui s'amassent sur votre table de chevet, c'est un peu toujours la même histoire : vous commencez par vous y atteler à fond, et puis vous finissez doucement, mais sûrement, par perdre votre motivation au profit d'un peu de sommeil en rab ou d'une bonne série sur Netflix. Mais ça, c'est fini !

À quoi ça sert de devenir adepte du kaizen ?

Pour réaliser votre projet de vie (et éviter qu'il reste lettre morte !), il va falloir mettre en place des actions, changer certaines habitudes, prendre des décisions... Comment éviter de vous décourager, de procrastiner ou d'angoisser ? En adoptant la stratégie des petits pas, aussi appelée « principe du kaizen ». Cet état d'esprit vous permettra d'avancer sereinement vers ce qui est vraiment important pour vous. Au lieu de vous focaliser sur le sommet de la montagne (qui peut carrément faire peur !), concentrez-vous sur toutes les étapes intermédiaires.

Alors, je m'y prends comment ?

- Fixez-vous d'abord un objectif SMART. Il doit être à la fois spécifique, mesurable, atteignable, réaliste et avoir une temporalité. Un exemple (parmi tant d'autres) ? Je veux lancer un site Internet pour partager ma passion pour l'écologie.
- Vous avez trouvé ? S'il vous semble très ambitieux, identifiez les objectifs intermédiaires à atteindre pour parvenir à vos fins. Dans l'exemple du blog green, vous pouvez, par exemple, commencer par de la veille (qu'existe-t-il sur ce créneau en ligne ?), puis continuez avec votre positionnement / la ligne éditoriale de votre site (vie zéro déchet ou défense des animaux ?), le choix de l'outil, la rédaction des premiers articles, la création de comptes associés sur Insta ou Twitter, la communication au moment du lancement, etc.

Outil : mon tableau pour définir mes objectifs intermédiaires

Pour vous aider, remplissez le tableau ci-contre ou prenez une feuille, inscrivez votre objectif ou votre projet en haut, puis décomposez-le en étapes. À noter : plus vos objectifs seront faciles à atteindre et plus vous prendrez confiance en vous pour avancer dans la réalisation de votre rêve.

Pour en mesurer la faisabilité, attribuez à chaque étape un indice de confiance : de 0 (« aucune chance que je le fasse ») à 10 (« il pourrait y avoir une invasion de zombies, je le ferais quand même »). Si vous êtes en dessous de 7, l'objectif est sûrement trop ambitieux et vous risquez donc de ne pas le faire. Choisissez une autre action plus réaliste. Cherchez ensuite la plus petite action que vous pouvez réaliser dès maintenant qui irait dans la bonne direction.

MON OBJECTIF PRINCIPAL	....		
MES OBJECTIFS INTERMÉDIAIRES	MON INDICE DE CONFIANCE (DE 0 À 10)	LES OBSTACLES QUE J'ANTICIPE	LA DATE QUE JE ME FIXE POUR L'ATTEINDRE
1.			
2.			
3.			
4.			
5.			

Enfin, veillez à réaliser régulièrement des actions qui vous rapprochent de votre but et à vous fixer un délai pour chaque étape.

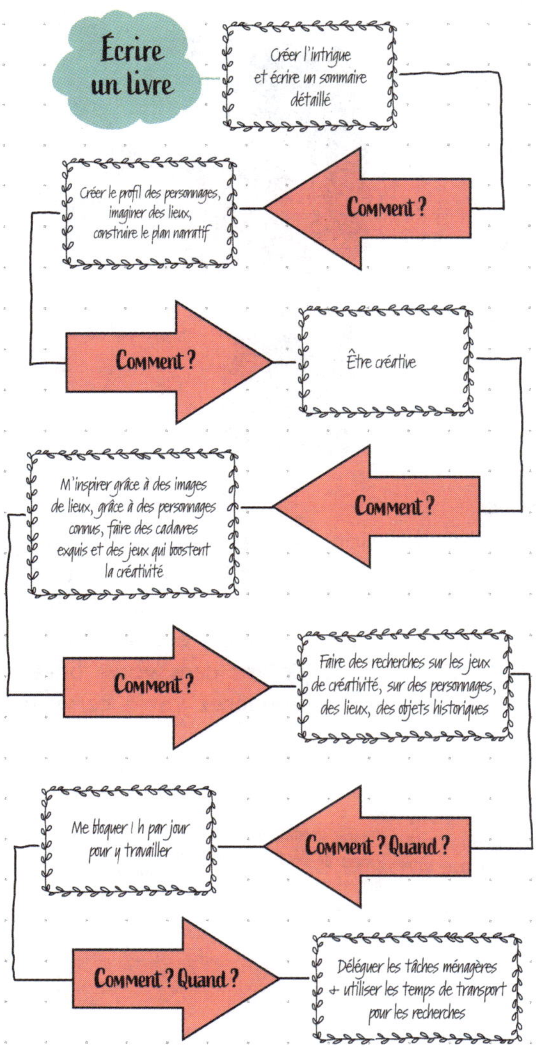

Mon tuto pour réaliser un plan d'attaque !

Dans votre stratégie, pensez aussi à anticiper les obstacles pour être prête à les affronter. Pour cela, utilisez un bucket plan, c'est-à-dire un système de questionnements pour motiver votre esprit à anticiper les problèmes et à chercher des solutions. Cet outil va vous aider à mettre à plat les grandes étapes nécessaires à la réalisation de vos rêves et vous pousser à imaginer pas à pas les moyens de votre réussite.

How to use ?

- Indiquez tout d'abord en point de départ le rêve que vous cherchez à réaliser : vous mettre à votre compte, écrire un livre, devenir naturopathe…
- Puis écrivez des questions en vous demandant « Comment ? » et « Quand ? ». Une fois la réponse obtenue, demandez-vous de nouveau « Comment ? », puis « Quand ? », et ainsi de suite.

Étape 5 : Je reste motivée !

Motivée ? Vous l'êtes généralement à bloc pour tout ce qui relève du perso (l'organisation de week-ends avec les copains, le prochain voyage avec votre + 1). Mais pour les projets pro, c'est plus compliqué d'y croire et de tenir sur la durée… Et pourtant, c'est hyper important ! Car, sans motivation, pas d'envie, pas de nouveau projet. Allez, motivée, motivée !

Alors, je m'y prends comment ?

- Quand vous avez un coup de mou ou que vous rencontrez des difficultés pour mener à bien votre projet, rappelez-vous ce qui vous a incitée à l'entreprendre : le besoin d'autonomie ? L'envie d'être utile aux autres ? Listez toutes ces sources de motivation, liées à vos valeurs et vos objectifs, qui vont vous faire aller de l'avant malgré les obstacles.

1. ....
2. ....
3. ....

- Préservez-vous des saboteurs de motivation : les émotions négatives, les remarques des autres, le manque de sentiment d'efficacité, les autocritiques sont autant de facteurs qui peuvent réduire votre motivation à zéro ! Adoptez la règle des 5 : ce qui n'aura pas d'importance dans cinq ans, ce que vous aurez oublié dans cinq ans, ce qui n'aura aucune incidence dans votre vie dans cinq ans, n'y passez pas plus de cinq minutes ! N'oubliez pas : en restant positive et ambitieuse, vous serez aussi confiante en vous ET ultra motivée !
- Créez un vision board !

Mon tuto pour créer un vision board !

Le *vision board*, ou tableau de vision, est une technique de visualisation régulièrement utilisée par Oprah Winfrey, la papesse américaine des médias du développement personnel. Son objectif : vous rappeler régulièrement ce qui vous motive et vous inspire pour faire le plein d'énergie. En le plaçant dans votre bureau, vous vous en imprégnerez et conditionnerez votre cerveau à atteindre vos rêves.

Le matériel qu'il vous faut :
- Une grande feuille de papier cartonné (format A3, voire plus)
- Des stylos, feutres & tout autre élément de déco qui booste votre créativité
- Des images de voyages qui vous font rêver, de personnalités inspirantes…

- Rassemblez tout d'abord tout ce qui vous booste et vous motive : des photos d'un voyage que vous rêvez d'entreprendre, un mantra qui vous inspire, la photo d'une personnalité que vous admirez…
- Collez-les sur votre panneau : c'est le moment de vous lâcher côté créativité ! Ajoutez des couleurs, des dessins, des citations, etc.
- Posez ensuite votre vision board dans un endroit visible pour faire le plein d'énergie et vous remotiver dès que votre regard se posera sur lui !

Vision wall déco !
Le vision board peut devenir un *vision wall*, pour décorer un mur de votre bureau ! Il s'agit d'encadrer vos images d'inspiration, vos mantras, et de disposer vos cadres pour faire votre composition directement sur le mur !

5 manières de s'épanouir (encore plus) sans tout changer !

Pour renouer avec vos aspirations profondes, vous n'avez pas forcément besoin de tout plaquer et de mener une révolution dans votre vie pro. Il suffit parfois de réaliser quelques ajustements, de vous lancer dans de nouveaux projets et de casser certains codes (pourquoi vous contenter d'une seule activité pro quand plusieurs vous apporteraient davantage de plaisir ?). Piochez ici quelques idées !

1. Je continue d'apprendre tout au long de ma vie

Pour rester à l'écoute de ce qui vous fait vibrer et découvrir de nouveaux terrains de jeu tout au long de votre vie pro, il est important de vous former et de cultiver votre curiosité. Vous contenter de ce que vous avez déjà appris ? Vous risqueriez de vous ennuyer, mais aussi d'être dépassée par les évolutions, notamment technologiques, de votre secteur d'activité.

Ma to-do list pour être au top côté formation

- **Je télécharge l'appli « Mon compte formation »** : vous saurez ainsi exactement de quelle somme vous disposez pour suivre une formation.
- **Je m'inscris à des Mooc, regarde des vidéos YouTube, suis un coaching en ligne, utilise des applis de micro-learning…** Pour apprendre une langue, par exemple, il y a d'excellents profs en ligne, des natifs qui donnent des cours par Skype notamment. Vous n'avez plus d'excuses si votre prof de langue au lycée était nul, ces nouveaux outils vous permettent désormais d'être toujours au taquet !

Mon carnet d'adresses :
- Mooc : Fun Mooc, My Mooc, Open Classroom, etc.
- TEDx : plus de 3 500 vidéos de personnalités inspirantes sont disponibles sur www.ted.com/talks
- Formations sur LinkedIn : saviez-vous que ce réseau social propose 16 000 cours gratuits ou payants sur www.linkedin.com/learning ?

2. J'évolue en interne pour retrouver du plaisir au boulot

Il n'est pas forcément nécessaire de quitter votre boîte pour vous éclater davantage dans votre job. Et si un changement de poste suffisait ?

Ma to-do list pour évoluer sans bouger (ou presque)

- **Je cultive mon réseau en interne** pour être au courant des opportunités. Vive les déjeuners et les afterworks !
- **Je fais savoir au service RH mes envies de changement.** Vous pourriez avoir de bonnes surprises !
- **Je creuse l'idée de devenir intrapreneuse.** Cela vous permettrait de lancer votre propre projet au sein de votre société actuelle sans prendre le risque (notamment financier) de créer votre propre entreprise.

3 règles d'or pour devenir intrapreneuse !

Devenir entrepreneuse dans votre propre boîte ? Facile (ou presque), si vous commencez par appliquer ces quelques préceptes qui vous aideront à obtenir l'appui de votre direction une fois votre projet bien ficelé :

1. **Je réfléchis** à une idée qui pourrait apporter une plus-value à mon entreprise : nouveau service ou produit, etc.
2. **J'anticipe** : de quelles ressources ou compétences avez-vous besoin ? Qu'est-ce cela apportera à votre entreprise ? Quels freins se profilent à l'horizon et comment y remédier ?
3. **Je booste mon réseau :** rapprochez-vous d'autres intrapreneuses pour bénéficier de leurs retours d'expérience.

3. Je partage mes compétences

Si vous avez envie d'être utile, là encore, il n'est pas forcément nécessaire de tout plaquer pour aller bosser dans une ONG à l'autre bout du monde. Vous pouvez tout à fait aider les autres en transmettant vos compétences, par exemple via du mentoring ou du reverse mentoring, en faisant du bénévolat ou du mécénat de compétences. Le principe : vous investir dans un projet d'intérêt général, sur votre temps de travail ou pendant vos congés payés.

Petit lexique de la philanthropie en entreprise :

- **Le mentoring,** aussi appelé mentorat, est un partage d'expérience et de connaissances, de façon spontanée ou formelle, entre une personne expérimentée (le mentor) et une personne plus novice (généralement plus jeune). C'est la boss charismatique qui va prendre sous son aile les jeunes recrues pour partager son expérience et ainsi leur donner confiance en elles.
- **Le reverse mentoring** : ici, ce sont les digital natives qui deviennent les mentors et les cadres dirigeants les mentorés. L'objectif ? Que les premiers forment les seconds aux outils du numérique. C'est le geek qui va montrer à son supérieur comment mieux utiliser les réseaux sociaux et ainsi lui apporter des compétences pour demain.
- **Le mécénat de compétences** vous permet de vous investir dans un projet d'intérêt général sur votre temps de travail. C'est une avocate qui va aider des associations de violences faites aux femmes en constituant des dossiers pour les victimes, l'expert-comptable qui va donner un coup de main à des start-up dans un incubateur…
- **Les RTT solidaires** consistent à poser un jour de RTT, de congé ou de récupération pour participer à un chantier solidaire avec vos collègues. Ce sont des collègues qui vont partir en Asie ou en Afrique construire des écoles, en Amérique du Sud préserver les forêts…

Ma to-do list pour être mécène en interne

- **Je me renseigne auprès de ma DRH ou de ma fondation d'entreprise.** Si vous êtes chanceuse, votre entreprise (comme c'est parfois le cas des grosses boîtes de plus de 100 salariés) a peut-être déjà formalisé une formule de mécénat de compétences à la journée ou sur de plus longues périodes.
- **Je deviens ambassadrice de mon entreprise !** Ce dispositif d'engagement n'existe pas encore ? Peut-être est-il possible de mettre en place des RTT solidaires ou encore des journées citoyennes pour aider des associations locales ? Là encore, discutez-en avec les RH de votre boîte !

4. Je passe en mode slasheuse pour me reconnecter à toutes mes envies

Si choisir une voie unique vous ennuie, si vous aimez jongler entre différents projets, si vous avez plusieurs passions dans la vie, vous êtes faite pour devenir slasheuse ! Les slasheurs, c'est qui, au juste ? Ce sont des personnes qui exercent plusieurs activités pro, en référence au signe « / » qui sépare les différentes activités quand ils les énumèrent (notamment sur LinkedIn). Exemple : Consultante en communication / Coach de dirigeants / Créatrice de bijoux. Concrètement, vous switchez d'une activité à l'autre selon l'organisation qui vous convient le mieux : une ou deux journées par semaine pour chacune si elles ont la même importance, par exemple. Si vous avez une activité principale, vous pouvez en développer une autre occasionnellement : des formations quelques jours par mois…

Ma to-do list pour avoir plusieurs chapeaux à la fois

- **Je cultive mes centres d'intérêt.** Pour stimuler votre créativité et trouver de nouvelles idées de projets, creusez les sujets qui vous passionnent, rendez-vous à des conférences ou des expositions, reprenez des loisirs que vous aviez mis de côté par manque de temps… Tout cela nourrira votre inspiration !
- **Je commence par un petit pas !** Pourquoi ne pas démarrer par un blog ou un compte sur les réseaux sociaux ? Le fait de se lancer dans ce *side-project* peut nourrir votre fonction actuelle… ou vous donner des envies de reconversion une fois l'expérience acquise !
- **Je négocie !** Vous avez peur de vous mettre à votre compte ? Gardez votre poste à temps partiel ou renégociez votre plein-temps avec votre employeur et développez une autre activité en parallèle. Une manière d'exploiter tous vos talents et de sortir du cadre !

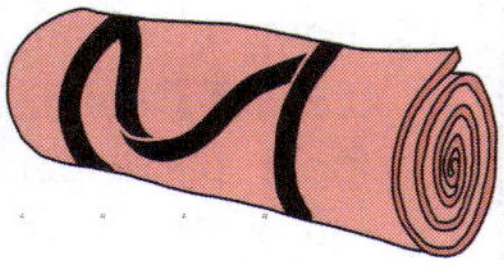

5. Je passe en free-lance pour retrouver ma liberté

Vous adorez votre job, mais plus l'entreprise dans laquelle vous êtes en poste ? Vous avez la sensation de manquer d'autonomie ? Peut-être est-il temps de réfléchir à la façon dont vous pourriez passer en free-lance ? Si c'est possible dans votre domaine d'activité, vous pourrez alors capitaliser sur votre expérience et votre carnet d'adresses et mener votre activité comme bon vous semble. Les plus ? L'indépendance, qui n'a pas de prix. Vous serez aussi plus flexible pour mieux concilier vie pro-vie perso, pourrez faire du télétravail ou bosser dans un espace de coworking… Les moins ? Il faut accepter l'incertitude des revenus et ne pas lâcher, notamment lors des débuts qui ne sont pas toujours évidents.

Ma to-do list pour bosser (enfin) pour moi !

- **J'identifie mon projet et ma plus-value :** que puis-je proposer à des entreprises ou à des particuliers en me mettant à mon compte ?
- **Je choisis mon statut :** le volet administratif pour les freelance est aujourd'hui beaucoup plus simple avec les statuts d'autoentrepreneurs, de micro-entrepreneurs, etc. Si vous avez l'envie d'entreprendre, tournez-vous davantage vers la création d'une SAS ou d'une SARL.
- **Je trouve mes premiers clients :** sollicitez en premier votre réseau et vos anciens employeurs. Créez également un profil sur des sites spécialisés comme Malt (www.malt.fr).
- **Je trouve des synergies et je m'entoure d'autres pros.** Intégrer des réseaux d'entrepreneures comme « Bouge ta boîte » peut être un réel coup de pouce. Vous pouvez vous rapprocher de personnes exerçant le même métier, susceptibles de vous sous-traiter du travail, vous associer avec des personnes ayant la même cible que vous mais une offre complémentaire, etc.

4 clés pour une reconversion réussie

Votre boulot actuel ? Bof, il ne correspond plus vraiment à vos aspirations actuelles. Si vous pensez (de plus en plus souvent) à la reconversion, inspirez-vous des tips de quatre pros.

1. Je prends mon temps !

Pour Marjorie Llombart, fondatrice de Dessine-moi une carrière, il faut savoir faire preuve de patience !

« Les reconversions ne se font que très rarement du jour au lendemain. Elles nécessitent de la maturation, de la préparation, et donc du temps pour trier vos idées ou en trouver, faire le point sur vos envies, besoins, talents, valeurs, compétences, réaliser votre plan d'action en décomposant son objectif final en plusieurs petites étapes… Profitez de ce temps pour lister ce que vous n'aimez pas dans votre poste actuel et tout ce que vous ne souhaitez plus. Faites de même avec tout ce qui vous convient et vous plaît en étant le plus exhaustive possible. Une fois ce premier travail réalisé, listez tout ce que vous aimeriez faire par rapport à vos talents et vos centres d'intérêt. En écrivant votre liste d'envies, vous prendrez ainsi du recul. »

Et maintenant, je fais quoi ?

Votre objectif : (re)trouver du temps et de l'espace pour vous. Vous n'avez pas besoin de passer des journées complètes à réfléchir à votre nouveau projet. Il vous faut surtout du temps de qualité. Essayez de vous dégager des moments le midi, le soir ou le week-end, en rognant par exemple sur le temps passé à scroller sur les réseaux sociaux. Une heure ici et là pour vous consacrer pleinement à votre envie de reconversion, c'est déjà ça !

2. Je teste le métier que je convoite !

Pour Noëmie Martin-Pascual, cofondatrice de BloomR, mieux vaut s'immerger avant de tout lâcher !

« Comment savoir quel métier pourrait vraiment vous convenir ? Une des meilleures façons de mettre vos idées à l'épreuve et de vous assurer qu'elles collent avec qui vous êtes, avant de vous lancer, est de les tester dans la "vraie vie". Passer du temps auprès de ceux qui pratiquent un métier qui vous intéresse vous permettra de l'appréhender sous toutes ses facettes, d'en voir le "vrai visage", mais aussi de faire de belles rencontres et d'apprendre des pros. »

Et maintenant, je fais quoi ?

Certes, il existe des services payants comme TestUnMétier pour vous organiser un petit stage en immersion, mais tentez d'abord votre chance de votre côté. N'hésitez pas à contacter un pro directement et à lui demander de le ou la suivre dans son quotidien pendant une demi-journée ou plus. Pour cela, vous pouvez miser sur la proximité (allez voir la fleuriste de votre quartier ou le boulanger en bas de chez vous) ou sur des réseaux sociaux comme LinkedIn ou Instagram (selon le job dont vous rêvez) en envoyant toujours un message personnalisé.

3. Je n'attends pas que tout soit parfait !

Bérangère Touchemann, fondatrice de Coaching de Carrière, n'en démord pas : ne vous laissez pas ralentir par la perfectionniste qui sommeille en vous !

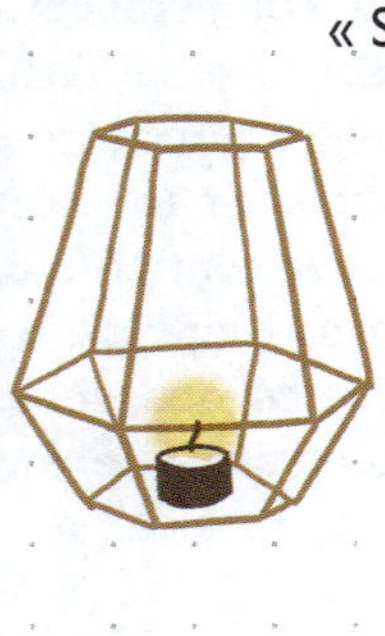

« Si vous êtes perfectionniste, vous faites peut-être des efforts intenses, parfois douloureux, tout en vivant dans un inconfort quasi-permanent parce que pour vous rien n'est jamais terminé, voire satisfaisant. Le problème, si vous cherchez à vous reconvertir, changer de job ou créer votre entreprise, est que vous allez devoir vous projeter dans l'incertain, dans un avenir pro où il n'y a jamais de situation parfaite ! Ne laissez donc pas votre perfectionnisme saboter vos envies de changement. Et faites vôtre ce mantra : "Mieux fait, que parfait !" »

Et maintenant, je fais quoi ?

Souvent, votre mental mouline, et vous vous retrouvez comme un hamster dans sa roue, à courir sans prendre de décision pour autant. Le hic : les solutions ne peuvent pas venir à vous dans ces conditions. Créez-vous des bulles de ressourcement. Accordez-vous des moments de vide et acceptez de ne pas contrôler tous les paramètres de la situation. Rien que d'y penser, vous tremblez ? Sachez que :

1. Vous ne serez pas moins compétente pour autant.
2. Les opportunités de reconversion ou d'emploi ne vont pas s'envoler pendant ce temps, non plus.

Si vous arrivez à déconnecter votre mental et à lâcher prise, vous aurez davantage de facilité à ressentir vos émotions. Et vos émotions sont les indicateurs suprêmes de ce qu'il vous faut. Pas de ce qu'il faudrait (ça, c'est votre cerveau,). Mais de ce dont VOUS avez besoin pour être heureuse dans votre vie.

4. Je me projette en écrivant

Pour Hélène Picot, fondatrice de Rêvez, Osez, Foncez, il est temps de mettre vos projets noir sur blanc !

« Coucher sur le papier votre état d'esprit, vos préoccupations, vos doutes, vos envies, vos bonheurs, vous permettra de dialoguer avec vous-même et de concrétiser votre projet. »

Et maintenant, je fais quoi ?

Choisissez un joli cahier pour réaliser le journal de bord de votre reconversion. L'idée est d'écrire régulièrement (au quotidien ou de manière hebdomadaire) vos idées, les événements vécus, vos pensées, vos avancées. Rien de tel pour mesurer le chemin parcouru et regarder vers l'avenir !

Ne restez pas seule !
Il existe aujourd'hui pléthore de formations en ligne ou d'accompagnement pour vous aider à vous reconvertir. Quelques exemples ? Switch Collective, 5AConseil, Ticket for Change…

CHAPITRE 3

JE PRENDS SOIN DE MOI

Kiffer son travail, c'est bien, ça fait partie du bien-être. S'y épanouir durablement, pleine d'énergie, bien dans son corps et dans sa tête, c'est encore mieux ! Votre nouvelle priorité au quotidien ? Vous, vous et vous ! N'y voyez pas de l'égoïsme, il s'agit plutôt de bon sens : comment bien faire votre job quand la fatigue ne vous lâche pas, quand vous n'arrêtez pas de ruminer ou quand le stress vous paralyse ? Et puis, on a envie d'aimer son job, de s'y sentir aussi bien que dans n'importe quel autre domaine de sa vie. Oui, un job peut être une composante du bien-être. Objectif 100 % feel good ! Alors, c'est décidé, à partir d'aujourd'hui, vous êtes la personne la plus importante à vos yeux et vous allez vous chouchouter !

TEST

SUIS-JE (ASSEZ) BIENVEILLANTE AVEC MOI-MÊME ?

Êtes-vous du genre à vous encourager ou à vous autoflageller ? Faites le point en répondant à ces quelques questions…

1. Vos principales qualités professionnelles ? Bien sûr que vous pouvez les énumérer…

○ Vous pouvez même faire une liste à rallonge !

△ Vous arrivez à en citer deux ou trois, en cherchant bien !

□ En fait, non ! Vous vous trouvez surtout des défauts…

2. Si vous faites une erreur…

□ Vous vous accablez de reproches et vous culpabilisez pendant le reste de la journée (au moins !).

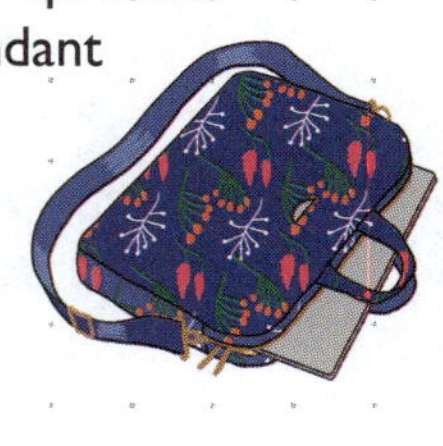

○ Vous relativisez facilement et restez confiante pour la suite. #KeepCalm

△ Vous organisez un déj' avec vos besta collègues pour prendre du recul.

3. En cas de coup de pompe au travail…

○ Vous écoutez votre corps et les signaux qu'il vous envoie. Vous adaptez votre rythme, vos activités, etc. en conséquence.

□ Vous, fatiguée ? Jamais ! Vous continuez à bosser en mode #warrior : votre travail passe avant tout !

△ Vous notez sur votre to-do de faire un marathon Netflix ce week-end.

4. Vous venez de boucler une mission avec succès…

○ Vous êtes hyper fière de vous et vous tâchez de vous en rappeler.
△ Vous filez fêter ça avec vos collègues.
□ Vous pensez déjà au prochain dossier à boucler… pour demain !

5. Pour juger la qualité de votre travail…

△ Vous demandez l'avis de votre boss et des autres membres de l'équipe.
□ Vous n'osez pas poser de questions : les critiques, très peu pour vous !
○ Vous reprenez les missions que vous avez menées à bien ces derniers mois et vous vous auto-évaluez, avec indulgence, évidemment.

6. Votre mood du jour : 😩 Que faites-vous ?

□ Vous ruminez toute la journée (et même peut-être la nuit aussi) : c'est plus fort que vous !
△ Sport, happy hour avec les potes : vous vous changez les idées !
○ Vous passez rapidement à autre chose !

7. Votre binôme vous demande un coup de main sur un dossier. Problème : votre planning est overbooké…

○ Vous êtes capable de dire « non ».
□ Vous râlez, mais dites toujours « oui » : les autres passent avant vous.
△ Vous dites « oui mais » : OK pour l'aider, mais à vos conditions, notamment en termes de timing.

FAITES VOS COMPTES !

□	△	○

Vous avez une majorité de ○ : *Bravo ! Vous êtes apparemment aussi bienveillante avec vous-même qu'avec les autres.*

Vous savez lâcher prise, vous autoféliciter et vous encourager. Et si vous alliez plus loin maintenant ? Votre challenge : à vous désormais de transmettre cette compétence autour de vous !

Vous avez une majorité de △ : *Vous avez appris à vous connaître et à poser vos limites.*

C'est un très bon début ! Par contre, vous jeter des fleurs, non, ce n'est vraiment pas votre truc ! Votre challenge : ne plus dépendre de l'avis des autres pour avoir une bonne estime de vous. Apprenez à vous complimenter dès que vous le méritez !

Vous avez une majorité de □ : *Vous avez tendance à réserver la bienveillance aux autres, et c'est bien dommage !*

Pourquoi être aussi dure avec vous-même ? Il est (largement) temps de vous parler et de vous comporter avec vous-même comme vous le feriez avec votre meilleure amie ! Votre challenge : vous autoriser le droit à l'erreur et vous accepter telle que vous êtes, avec vos propres limites.

Je booste mes émotions positives au boulot

Au travail, râler, vous ? Jamais… Quoique, à y repenser, il vous arrive de grogner (entre autres) sur votre nouveau client, sur votre dossier urgent ou sur votre (mauvais) café du moment. Le hic : à force de voir tout en noir, il devient difficile de voir ce qui va bien. Votre mission : être optimiste pour vous ouvrir un champ des possibles incroyable et changer la couleur de votre quotidien. Alors, prête à diffuser des good vibes ?

J'envoie des paillettes !

Pourquoi devenir adepte de l'optimisme est bon pour moi…

Envisager le quotidien de manière positive, cela change (vraiment) la vie ! La preuve ?

1. **C'est bon pour la santé**

Une étude danoise a, par exemple, montré qu'après une opération pour des problèmes cardio-vasculaires, l'optimisme était associé à de meilleures chances de rémission. De même, chez des seniors suivis pendant 22 ans par des chercheurs français : ceux chez qui les pensées positives fleurissaient ont vécu plus longtemps, indépendamment de leur état de santé.

2. **C'est TRÈS bon pour l'ambiance au travail !**
3. **Cela permet de relativiser…**
4. **Sans oublier que le positif attire le positif !**

Attention, l'idée n'est pas de vous transformer en un Bisounours naïf (même s'ils sont craquants !) ou de vous répéter, coûte que coûte, que TOUT va bien dans le meilleur des mondes sans y croire. Être optimiste, c'est chercher à agir et à trouver des solutions, même quand la situation semble mal engagée. Et comme on trouve souvent ce que l'on cherche, on peut dire qu'un mindset positif permet plus facilement de résoudre les problèmes. Donc, le positif attire le positif !

Je me lance avec un bilan…

Vous réjouir des petites choses qui égayent vos journées, vous y avez pensé ? Aussi simple soit-elle, cette question peut désarçonner. D'où l'intérêt de faire un bilan positif de votre quotidien au bureau !

À cette fin, faites d'abord la liste de tout ce qui vous donne satisfaction dans votre job :

- J'ai de super collègues.
- Mes missions me plaisent.
- ……………………………………………………………………
- ……………………………………………………………………
- ……………………………………………………………………

Puis, dans le même esprit, réfléchissez à tout ce que vous faites de bien au boulot. C'est le moment de vous encenser ! Si cela vous semble difficile, pensez aux dernières missions que vous avez menées ou demandez à vos collègues les qualités qu'ils apprécient chez vous.

- Je suis très organisée.
- Je sais mener plusieurs projets en parallèle.
- J'apprends vite.
- ……………………………………………………………………
- ……………………………………………………………………
- ……………………………………………………………………

Je mets en place des petits rituels du quotidien !

Pour insuffler de l'optimisme dans vos journées au travail, tentez ces quelques routines !

J'exprime ma gratitude

Réfléchissez aux choses que les autres font pour vous et qui vous rendent reconnaissante. Remerciez-les (par oral ou par écrit), en expliquant votre démarche. C'est un cadeau que vous leur faites, mais qui vous fera du bien aussi car vous tisserez ainsi des liens plus forts avec vos collègues et augmenterez votre propre bien-être émotionnel !

Listez tout ce pour quoi vous ressentez de la gratitude :

- Avoir été en télétravail aujourd'hui et avoir apprécié l'atmosphère de son chez-soi.
- Avoir travaillé sur une mission motivante.
- Habiter près du bureau.
- Avoir profité du trajet jusqu'au bureau…

Je note mes 3 kifs au boulot

Popularisé en France par la conférencière Florence Servan-Schreiber, le rituel des 3 kifs s'adapte très bien à la vie de bureau. En fin de journée ou de semaine, prenez quelques minutes pour identifier ce qui vous a nourri positivement. Un projet challengeant ? Un fou rire avec vos collègues ? Un compliment de votre boss ? Avoir passé un super moment à travailler en écoutant de la musique… L'objectif : renforcer votre sentiment de bien-être et vous encourager à poursuivre vos efforts.

○ Je réalise ma did list

Vous avez une to-do list à rallonge et vous vous focalisez sur tout ce qu'il vous reste à faire ? Inversez la donne : félicitez-vous de tout ce que vous avez déjà accompli ! Votre sentiment d'efficacité en sera décuplé ! #wonderwoman

○ J'offre des compliments

Votre collègue assure face aux clients comme Beyoncé sur scène ? Dites-le-lui ! Plus votre compliment sera précis, en mettant en avant une qualité ou un comportement, plus il boostera la personne qui le reçoit.

○ Je célèbre mes petites et grandes victoires

Quelle est la dernière fois que vous avez pris le temps de fêter un succès ? Ne vous focalisez pas sur vos objectifs à moyen ou long terme, mais appréciez les victoires intermédiaires : félicitez-vous pour chaque petit succès, voire chaque action réalisée (un coup de fil un peu effrayant à un client, avoir bouclé votre to-do list du jour…). L'idée est simple : savourer vos bons résultats et récompenser vos efforts à leur juste valeur. Comment faire ? Prenez le temps, une fois par mois, de faire un petit bilan et imaginez une récompense qui vous motive pour vous féliciter : un bon resto, un soin au spa, etc. Vous l'avez bien mérité !

○ Je m'auto-like

Sur Insta, vous likez des personnes qui vous inspirent, alors pourquoi ne pas vous « auto-liker » régulièrement ? Votre inconscient va ainsi peu à peu modifier votre façon de penser. Chaque like constituera un acte de fierté pour vous rapprocher de votre but : être fière de vous.

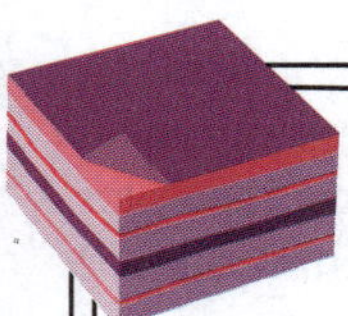

Mon petit exercice pour m'auto-liker !

Pas facile de vous attribuer un ❤️ ? Tentez de vous lancer en remplissant chaque jour ce Post-it de valorisation de vos efforts !

Mon compliment du jour : ....

Aujourd'hui, je me suis trouvée ....

Ma fierté du jour : ....

Aujourd'hui, je me félicite pour ....

○ Je fais du office staging !

Décorer votre bureau d'affiches et de cartes postales inspirantes, choisir un fond d'écran et un mug qui vont vous donner le sourire… Toutes ces petites choses ont un vrai impact sur votre positive attitude ! S'entourer de ce qu'on aime et de ce qui nous fait plaisir envoie de bonnes ondes, rassure, booste !

○ Je booste mon moral avec des mantras positifs

Votre moral est en berne ? Faites-vous un carnet de mantras positifs. Au fil de vos lectures, notez des expressions, des citations, des extraits de livres, des paroles de chansons… Ce seront vos ressources positives en cas de coup de mou. Mieux : achetez une lightbox, ces petites boîtes lumineuses sur lesquelles on compose des mots, et affichez chaque jour l'un de ces petits mantras. Atmosphère cocooning et motivation garanties !

Je me rebooste avec mes huiles essentielles bio

Un coup de mou, une (très) grosse envie de procrastiner sur votre nouveau dossier ? Vite, dégainez vos huiles essentielles. Catherine Borie, naturopathe et fondatrice de « Assurer sans s'épuiser », vous recommande particulièrement :

La menthe poivrée (*Mentha piperita*) pour faire le plein d'énergie

Son parfum mentholé très rafraîchissant vous redonnera du peps en cas de coup de fatigue. Versez quelques gouttes sur un mouchoir et faites 5 respirations profondes en gardant le flacon ou le mouchoir à bonne distance de votre nez, car cette huile est agressive pour les muqueuses ! Et si vous êtes enceinte, allaitante ou sujette à épilepsie, passez votre tour !

L'huile essentielle de citron (*Citrus limonum*) pour me redonner du courage

Si vous ressentez une fatigue passagère ou si vous avez du mal à passer à l'action, cette huile est faite pour vous ! Son odeur pétillante et fraîche redonne une petite impulsion joyeuse tout en relançant l'envie et la créativité. Vous pouvez ouvrir le flacon et prendre 5 respirations ou mettre 2 gouttes sur un mouchoir. Mais là encore, attention : cette huile est photosensibilisante ! Ne vous exposez pas au soleil après une éventuelle application cutanée.

L'huile essentielle de camomille romaine (*Chamaemelum nobile*) pour me détendre

Puissante calmante du système nerveux, cette huile essentielle est réputée pour aider à dénouer les tensions, ou encore à lutter contre le stress, l'anxiété et les insomnies. N'hésitez pas à y avoir recours avant un rendez-vous qui vous rend nerveuse pour vous relaxer. Vous pouvez la mélanger à une huile végétale, comme l'argan ou l'amande, et appliquer le mélange sur les faces internes de vos poignets.

Je me programme en mode positive mindset !

Très prisée des sportifs de haut niveau avant une grande compétition, la visualisation positive permet de se préparer aux situations à forts enjeux en se connectant à ses ressources positives. Avant une réunion importante, un rendez-vous chez un client, une prise de parole lors d'un

séminaire, votre entretien annuel, au démarrage d'un projet qui vous tient à cœur, etc., elle va vous permettre de réguler votre stress et de canaliser vos pensées en vous focalisant sur le scénario gagnant. De quoi dépasser vos appréhensions malgré les incertitudes ! L'autre possibilité ? Tout simplement, faites de cette visualisation une morning routine, afin de vous programmer pour que la journée soit efficace, qu'elle se déroule au mieux, vous permette de boucler votre to-do... Bref, pour que chaque journée vous donne satisfaction.

Je commence par me mettre en condition...

1. Installez-vous dans un lieu calme où vous ne serez pas dérangée pendant 5 ou 10 minutes. Prenez plusieurs respirations et concentrez-vous sur la situation à laquelle vous souhaitez vous préparer.
2. Puis, au lieu d'envisager tous les obstacles qui pourraient vous empêcher de réussir, imaginez que tout se passe comme vous le souhaitez au plus profond de vous-même. Ne lésinez pas sur les détails : c'est l'heure d'utiliser vos cinq sens ! En effet, c'est le réalisme de la scène qui va permettre à votre cerveau de se programmer. Que voyez-vous ? Quelles sont les odeurs ? Les sensations ? Les bruits ?
3. Pour finir, ancrez en vous la sensation de bien-être associée à ces différents éléments sensoriels en prenant le temps de vous en imprégner et n'hésitez pas à la dégainer le jour J !

Un exemple : la visualisation positive pour prendre la parole en public !

Vous êtes en place ? Posez-vous ces quelques questions :

- *Qu'est-ce que je vois ?* Les sourires d'approbation des personnes qui vous entourent, votre présentation Powerpoint au top, votre tenue impeccable...
- *Qu'est-ce que j'entends ?* Votre voix sereine, un silence attentif dans la salle, des questions pertinentes auxquelles vous savez répondre...
- *Qu'est-ce que je ressens ?* Une aisance, de la fierté, du plaisir...
- *Quelles actions je mets en place ?* Vous faites participer l'auditoire, vous leur posez des questions, vous lancez des jeux...
- *Comment se termine ma prestation ?* Par des applaudissements, des sourires, des félicitations...

Je n'oublie pas d'avoir un plan B

Avoir toujours en tête une ou plusieurs alternatives permet de rester sereine et confiante en toutes circonstances. Si votre plan A échoue, ou ne se passe pas comme prévu, vous atteindrez votre objectif grâce à votre option B, c'est sûr et certain ! Pas question de voir là une forme de fatalité ! Vous faites simplement preuve de créativité pour trouver des solutions alternatives et innovantes. On ne se laisse pas abattre, la positive attitude c'est aussi rester optimiste et être résiliente !

Petite mise en pratique

Imaginez : votre boss refuse de prendre en charge la formation qui vous fait rêver… Comment acquérir tout de même ces nouvelles compétences (maintenant que votre plan A : « demander à votre manager » a échoué ?)

- Plan B : J'utilise mon compte formation via le site www.moncompte formation.gouv.fr
- Plan C : Je trouve un MOOC en ligne (Coursera, OpenClassRooms, etc.).
- Plan D : Je demande à mes collègues de me former.
- Etc.

… Et je laisse place à la sérendipité

Les imprévus ont parfois du bon ! Encore faut-il savoir en tirer profit en adoptant un état d'esprit optimiste et en lâchant prise sur ce que vous ne pouvez pas changer. En bref, vous pourrez profiter d'opportunités qui viennent à vous… à condition de bien vouloir les accueillir. Entraînez-vous à aborder toute situation avec ouverture et curiosité comme si tout était possible.

La sérendipité, quésaco ?
La sérendipité, ce sont les heureux hasards ! De nombreuses inventions sont nées grâce à des imprévus, parce que tout ne s'est pas passé comme prévu (et finalement ce n'était pas plus mal !) : le Post-it, la tarte Tatin, le Coca-Cola…

Comment l'appliquer concrètement ?

Plus facile à dire qu'à faire ? Et si vous disiez bye-bye à vos vieilles habitudes ? Si vous bloquez sur un dossier, ne restez pas des heures devant votre ordinateur en ruminant. Gardez-le dans un coin de votre tête, allez discuter à la machine à café avec des collègues, sortez prendre l'air, etc. Il y a de fortes chances que la solution qu'il vous manquait arrive soudainement ! Les recherches en neurosciences sur la plasticité du cerveau montrent en effet que si l'on sort régulièrement du mode pilotage automatique, on crée de nouvelles connexions entre les neurones qui boostent la créativité, la résolution de problèmes et la capacité à vivre sereinement les changements. Exit, la routine ! Vous prenez toujours votre café avec votre équipe le matin ? Alors, vendredi, vous irez le prendre avec l'équipe marketing. À la cantine, changez régulièrement de place. Etc.

Mon programme pour chouchouter mon esprit au bureau

Vous adorez votre job, mais les deadlines, la pression à la réussite, les prestas ou les clients désagréables créent du stress. Vous connaissez tellement bien le stress… que vous avez peut-être fini par vous habituer à lui ! Pourtant, le stress@work n'a rien d'une fatalité. Surtout si vous trouvez une solution ciblée au vôtre ! Et, bonne nouvelle : il y a 6 méthodes magiques pour cela !

Je commence par comprendre (enfin) mon stress !

On parle toujours des effets nocifs du stress… Mais à la base, c'est plutôt un phénomène positif ! En effet, le stress est un ensemble de réactions physiques destinées à vous permettre d'identifier et de réagir face à ce que votre corps perçoit comme une agression, une situation éprouvante, menaçante ou dangereuse. Une prise de parole en public, une to-do list à rallonge, un échange houleux avec votre boss… Lorsqu'un événement survient dans votre journée de travail, c'est bien votre perception des faits qui lui confère une dimension stressante.

S'il vous prépare (normalement) à être au top face à une épreuve (il bande les muscles, contracte les fascias, ces cellules qui vous protègent, il augmente votre fréquence cardiaque pour vous rendre réactive), le stress peut avoir à plus ou moins long terme des répercussions sur votre forme et votre bien-être (mais ça, vous le savez déjà !). La preuve : les 3 phases du stress, identifiées par le médecin Hans Selye :

- **La phase d'alarme**, d'abord, constitue ce moment où les fonctions vitales se mobilisent pour vous préparer à l'action. Pas de doute, là, vous êtes au taquet !
- **La phase de résistance**, ensuite, s'installe quand l'exposition au stress devient répétitive. Ses conséquences : votre niveau d'énergie baisse, la fatigue et les tensions s'installent.
- **La phase d'épuisement**, enfin, apparaît quand le stress devient chronique. Là, c'est la cata : vos capacités d'adaptation, tout comme vos ressources énergétiques et mentales sont épuisées. En d'autres mots, vous êtes au bout du rouleau et souvent très irritable !

J'identifie mes sources de stress au travail

Pour trouver le remède (qui vous fera vraiment du bien) au stress qui vous épuise, encore faut-il parvenir à identifier d'où il provient exactement. Alors, qu'est-ce qui vous stresse au boulot ? Cochez les cases qui vous correspondent.

CE QUI VOUS STRESSE…	… PARCE QUE…	OUI, C'EST TOUT MOI !	NON, FRANCHEMENT, ÇA VA !
Vous manquez de temps	Vous avez l'impression de courir en permanence, de passer d'une activité à l'autre sans répit, d'être dans un zapping permanent.	☐	☐
Vous avez trop de travail	La sensation de trop-plein vous mine (trop de mails, de sollicitations, d'informations, de dossiers, de projets…). Vous avez une to-do list à rallonge et vous trouvez que votre boss vous en demande trop.	☐	☐

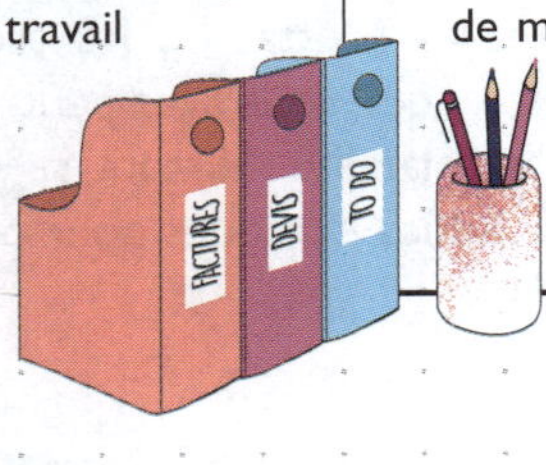

Ce qui vous stresse…	… parce que…	Oui, c'est tout moi !	Non, franchement, ça va !
Vous manquez de soutien	Vous vous sentez isolée, non reconnue dans votre travail. Cela crée des angoisses, mais aussi beaucoup de ruminations et de frustrations.	☐	☐
Vous êtes trop perfectionniste	Vous aimez le travail très bien fait et ne supportez pas de rendre un dossier mal ficelé. Vous êtes votre propre bourreau et vous vous imposez une rigueur parfois excessive.	☐	☐
Vous vous surinvestissez dans votre taf	Vous délaissez votre vie perso, toute activité sportive ou de loisirs. Résultat : vous n'avez plus aucun défouloir ou sas pour relâcher la pression.	☐	☐

Libérée, délivrée de la charge mentale ? C'est possible !

La charge mentale est cette to-do list à rallonge qui vous pèse à la maison, mais ne disparaît pas une fois la porte du bureau franchie. Au contraire, s'y ajoutent d'autres tâches à effectuer : penser au prochain client à rappeler, écrire un mail de relance au fournisseur, potasser le dossier urgent à boucler ce soir… Au risque, parfois, de vous sentir totalement débordée, avec un cerveau en surchauffe ! Pour l'alléger, fixez-vous 3 à 5 priorités maximum à atteindre pour partir du travail avec la sensation que la journée a été bonne. Notez-les par écrit afin qu'elles quittent votre esprit. Faites le point en milieu et fin de journée pour bien garder le cap sur ces activités prioritaires. Pour les autres tâches, faites le tri en 3 groupes :

- les tâches que vous allez programmer pour les prochains jours ;
- celles que vous allez déléguer ;
- celles que vous allez finalement devoir éliminer.

Je choisis la méthode magique (pour moi) !

Une technique pour diminuer l'impact du stress et retrouver de la sérénité ? Il y en a plus qu'il n'en faut… Mais en voici déjà quelques-unes qui pourraient bien répondre à vos petits et grands besoins !

La météo intérieure pour mettre des mots sur mes émotions

C'est bon contre le stress car…

La météo est une métaphore de ce qui se passe en vous et une bonne manière de commencer la journée en observant votre état d'esprit. Votre objectif : identifier vos émotions pour prendre du recul sur elles. Et vous avez tout à y gagner ! Ces quelques minutes vous permettront d'être plus bienveillante avec vous-même.

C'est pour vous si… vous manquez de temps car cela va vous permettra de vous recentrer sur l'instant présent et vous obligera à vous poser un peu.

L'astuce DIY ?
Fabriquez un jeu de petites cartes de météo (une vingtaine de chaque) et glissez-les dans les pages de votre agenda pro selon votre météo intérieure du jour. Ainsi vous aurez en vis-à-vis l'ordre du jour et la météo pour faire le lien entre les deux !

C'est décidé, je me lance !
Pour créer un petit rituel sympa, rien de mieux que de filer la métaphore de la météo. En arrivant au bureau et en partant le soir, demandez-vous si votre humeur du jour est plutôt ensoleillée, nuageuse, voire carrément orageuse. Vous allez ainsi mettre des mots sur vos ressentis, identifier ce qui vous met de bonne humeur, ce qui vous rend heureuse au travail (et le cultiver), mieux accepter vos émotions, comprendre ce qui les déclenche… Identifiez ainsi vos sensibilités, les facteurs de stress en pointant les événements déclenchant le mauvais temps, l'orage ou le grand vent en vous !

Le yoga assis pour apaiser mon corps

C'est bon contre le stress car… Pratiquer le yoga au bureau permet d'évacuer les tensions accumulées grâce à la respiration et aux étirements, qui réduisent les tensions. En prenant soin de votre corps, vous vous offrez également une coupure bien méritée dans votre journée de boulot.

C'est pour vous si… vous avez trop de travail. La sensation de trop-plein crée souvent des tensions corporelles et des douleurs apparaissent.

Ma routine yoga 10 minutes concoctée par la start-up OlyBe

1. **Pour soulager les tensions au niveau de votre dos : l'angle lié**
Asseyez-vous au bord de la chaise, les deux pieds bien ancrés dans le sol, les jambes formant un angle droit. Allongez la jambe droite complètement, talon au sol, et étirez les orteils vers le ciel. Saisissez l'assise de la chaise avec les deux mains et penchez le buste en avant en veillant à le basculer à partir des hanches. Maintenez le dos droit et la tête bien alignée avec la colonne vertébrale. Conservez la position pendant 4 respirations, puis changez de côté.

2. **Pour dénouer le ventre en cas de stress : la chaise en torsion**
Tournez la chaise ou mettez-vous de travers de manière à avoir le dossier à votre droite. Asseyez-vous, pieds parallèles écartés de la largeur des hanches et bien enracinés dans le sol. Inspirez, allongez la colonne vertébrale et, à l'expiration, tournez les épaules vers la droite pour attraper le dossier de la chaise avec les mains. Gardez une main de chaque côté du dossier afin de maintenir la colonne allongée et les

épaules à la verticale du bassin. Laissez la tête se diriger vers la droite, le menton tourné vers l'épaule droite pour accentuer l'étirement. Maintenez la posture sur 3, 4 respirations, puis changez de côté.

3. **Pour détendre vos épaules engourdies : les ailes de poulet**
Cela fait plusieurs heures que vous êtes devant votre ordinateur et sans vous en rendre compte vos épaules remontent, se crispent. L'intérêt de cette posture est donc de stimuler les muscles derrière vos omoplates ainsi que les muscles de vos épaules et vos trapèzes pour relâcher les tensions. Asseyez-vous le dos droit et placez vos doigts sur vos épaules en écartant les coudes vers l'extérieur. Respirez profondément en faisant de petits cercles avec vos coudes. Étirez-vous ensuite en levant le plus haut possible vos deux coudes vers le plafond, puis en les écartant au maximum et, enfin, en baissant vos deux coudes vers le sol pour détendre les trapèzes.

Le journaling pour me libérer du stress

C'est bon contre le stress car... L'écriture va vous permettre de prendre du recul et de vous libérer. Sans compter qu'elle offre un temps d'introspection et vous aidera à exprimer votre colère ou vos frustrations.

C'est pour vous si... vous manquez de soutien. Vous pourrez exprimer tout ce que vous ressentez. Un bon défouloir !

C'est décidé, je me lance !
Prenez une feuille et notez-y ce qui vous met la pression en ce moment. Listez, en vrac, tout ce qui vous angoisse, vous panique, vous épuise. Libérez-vous en écrivant ! Puis attrapez cette feuille et, après avoir pris une profonde respiration, jetez-la à la poubelle ! Alors, vous vous sentez plus légère ?

La cohérence cardiaque pour me relaxer

C'est bon contre le stress car... quand vous êtes « en stress », votre respiration s'accélère, votre cœur bat plus vite. Pas de doute, c'est la panique qui pointe le bout de son nez ! La solution : la cohérence cardiaque, une respiration lente, ample et régulière pour revenir à la normale. Ses effets sont immédiats et durables : régulation du système nerveux, réduction de l'intensité des effets du stress sur l'organisme, augmentation du système immunitaire... Elle fait en effet partie des méthodes efficaces et reconnues pour la gestion du stress, des émotions et de l'anxiété. Elle vous permettra aussi de vous mettre dans un état de concentration en vous focalisant sur votre respiration et ainsi de prendre des décisions justes.

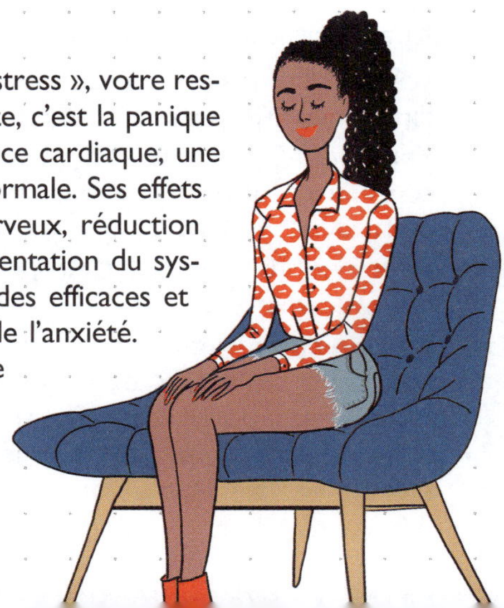

C'est pour vous si… vous êtes perfectionniste, car vous gagnerez en sérénité et prendrez du recul sur votre travail.

C'est décidé, je me lance !

Pour devenir pro de la cohérence cardiaque, retenez ces trois chiffres : 3-6-5. L'idée : pratiquer 3 fois par jour, 6 respirations par minute, pendant au moins 5 minutes. Vous pouvez pratiquer dans les transports, sous la douche, devant la télé, au lever et/ou au coucher… L'essentiel est de vous concentrer sur votre respiration. Vous avez du mal à vous caler ? N'hésitez pas à télécharger une app : Cardio Zen, Paced Breathing, RespiRelax…

Les pauses personnalisées

C'est bon contre le stress car… Les pauses permettent de relâcher la pression et d'appuyer sur STOP dans vos journées de travail… Ça, vous le savez ! Mais vos temps de repos sont-ils vraiment efficaces ? Et si vous vous déconnectiez vraiment (loin des réseaux sociaux et de votre smartphone) en vous offrant de vraies pauses bien pensées ?

C'est pour vous si… vous êtes surinvestie dans votre travail. Vous n'en serez que plus concentrée et efficace après. Mais, en attendant, changez-vous les idées !

C'est décidé, je me lance !

Adaptez votre pause au moment de la journée, aux tâches que vous étiez en train de faire, à votre tempérament, mais aussi à votre humeur du jour… À vous de trouver ce qui vous sera le plus profitable : une activité zen ou qui vous booste ? Une sieste ou un exercice de cohérence cardiaque ? Quel que soit votre choix, pour profiter pleinement de votre pause, trouvez un lieu calme ou prévenez que vous ne voulez pas être dérangée. Déconnectez aussi les notifications de votre téléphone, voire éteignez-le le temps de votre pause.

Mes petits rituels de pause feel good !

- Vous avez 2 minutes devant vous ? Regardez l'horizon par la fenêtre (vos yeux vous diront merci !) et prenez de grandes respirations.
- Vous avez 5 minutes ? Marchez dans les couloirs, allez vous préparer un bon thé et concentrez-vous sur sa dégustation avec vos cinq sens (odeurs, goût, parfums, chaleur de la tasse…). À moins que vous ne préfériez tester la cohérence cardiaque !
- Vous avez 10 minutes ? Coloriez un mandala, ouvrez un bon livre, descendez prendre l'air avec vos collègues…
- Vous avez 15 minutes ? À vous, la power nap ! Si vous avez une salle de repos au bureau, avec poufs ou cocons de sieste, c'est le moment d'y aller. Sinon, croisez les bras sur votre bureau, posez votre tête et fermez les yeux. Vous pouvez vous mettre une playlist relaxante pour vous aider à vous détendre. Si besoin, mettez une alarme pour ne pas excéder les 15 minutes, vous risqueriez sinon de tomber dans un sommeil profond.

La méditation de pleine conscience

C'est bon contre le stress car… La pleine conscience (ou *mindfulness* pour les connaisseuses) consiste à revenir à l'instant présent afin de s'y ressourcer et retrouver le calme. L'intérêt : cette forme de méditation apaise, améliore l'attention, met fin aux ruminations et fait baisser le cortisol (la fameuse hormone du stress !). Tout bénef !

C'est pour vous si… vous voulez réduire votre stress durablement, quelle qu'en soit la cause !

C'est décidé, je me lance !

La pleine conscience ne se pratique pas forcément assise, mais peut aussi se faire en marchant. L'idéal pour occuper vos temps de trajet ! Pendant vos déplacements, portez donc votre attention sur ce que vous voyez, entendez et ressentez. Ouvrez vos cinq sens, dites-vous intérieurement : « Je suis consciente de… » (voir un arbre, sentir mes pieds bouger, entendre des klaxons, sentir l'odeur de la boulangerie, etc.). Si vous vous rendez compte que vous pensez au travail ou à votre to-do list au lieu de vous focaliser sur l'instant présent, ne soyez pas trop dure avec vous-même. Acceptez ces pensées et laissez-les repartir comme elles sont venues, sans jugement.

On s'entraîne !
Plus vous pratiquerez régulièrement la pleine conscience, plus vous en ressentirez les effets ! N'hésitez donc pas à vous munir d'une appli comme Petit Bambou qui propose des séances de méditation guidée et des programmes thématiques.

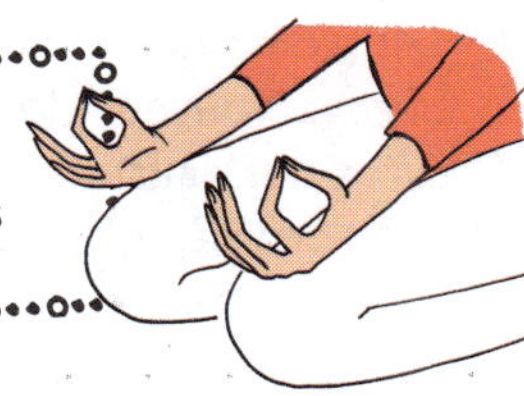

Je chouchoute mon body au bureau

Mal de dos, nuque en vrac, crampe aux avant-bras, cernes d'un kilomètre de long… À force de le côtoyer toute la journée, votre ordi finira par avoir votre peau (ou presque) ! C'est sans compter sur ces quelques astuces !

J'adopte la bonne posture assise

OK, vous avez un dossier à boucler, mais ça ne vous empêche pas de vous bichonner l'air de rien ! Votre credo : éviter les petits et gros maux qui peuvent apparaître simplement en vous installant (mal) !

Au moment de m'installer, je garde en tête les do et les don't

Do : Adoptez la posture et le matériel qui vous soulageront, et plus particulièrement…

- un siège avec un dossier permettant un bon maintien du dos,
- les pieds à plat sur le sol (ou sur un repose-pieds / vos anciens dicos qui n'ont plus d'utilité),
- l'angle bras/avant-bras droit ou légèrement obtus (entre 90° et 130°), pour éviter les douleurs aux épaules et aux trapèzes,
- les avant-bras proches du corps,
- la main dans le prolongement de l'avant-bras.

Don't : Évitez…

- les postures statiques prolongées, qui contribuent à la survenue de troubles musculo-squelettiques (douleurs à la nuque, dans le haut et le bas du dos, aux épaules, aux coudes et aux poignets),
- les jambes croisées, qui favorisent une mauvaise circulation sanguine. #sosjambeslourdes.

T'as de (pas très) beaux yeux derrière ton écran, tu sais !

Savez-vous que vous passez plus de temps devant votre ordinateur et tous vos écrans digitaux confondus qu'à dormir ? Pas étonnant que vos yeux piquent, se dessèchent ou rougissent ! Vos 4 règles d'or pour garder un regard de biche :

1. Contrôlez la luminosité et les contrastes de votre écran (pas d'éblouissement).
2. Clignez souvent des yeux pour lutter contre le dessèchement oculaire.
3. Faites des pauses hors écran (la machine à café oui, mais sans votre smartphone !).
4. Regardez dès que possible loin à l'horizon pour faire du bien à vos yeux habitués à regarder des écrans de près ! La règle des 20 : toutes les 20 minutes, quitter des yeux son écran et regarder à plus de 6 mètres pendant au moins 20 secondes.

Je fais les bons réglages pour mon écran !

L'écran décalé sur le côté du bureau pour faire la place à votre mug et votre smartphone, c'est non ! Pour éviter les maux de dos, de nuque & Co., collez cette check-list sur un coin de votre espace de travail.

Ma check-list spéciale réglages pour bien commencer la journée

- Votre écran est positionné bien en face de vous (à une distance de 50 à 70 cm de vos yeux) et à hauteur de vos yeux (le centre incliné à 15° sous votre ligne de vision pour soulager la nuque).

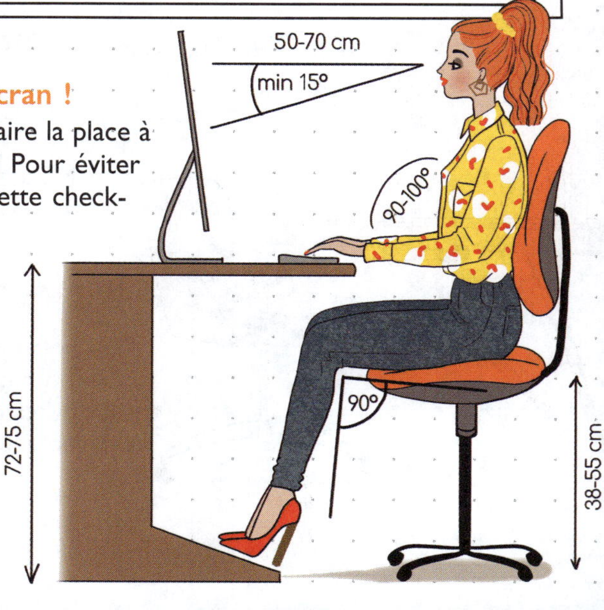

- Vous bossez sur deux écrans ? Ils doivent être installés sur le même plan, en évitant les angles du bureau.
- Vous bossez sur un portable ? Il est relevé ! À défaut d'un rehausseur ou de matériel dernier cri, une pile de magazines fera l'affaire ! Et, bien sûr, prévoyez un clavier et une souris.

Je fais du Swiss ball le meilleur ami de mon dos

Le Swiss ball ? Perso, vous n'en voyez pas trop l'intérêt (c'est un truc pour les geeks de la Silicon Valley) ! Pourtant, ce gros ballon permet de changer d'assise, et donc de posture. Résultat : exit, les petits bobos du bureau ! Pour vous convertir, suivez les conseils de la pro, Claire Zilliox, kinésithérapeute.

Choisissez avant tout un ballon adapté, à savoir de la plus grande taille si vous faites 1,70 m et plus, idéalement en version anti-explosion. Au moins, s'il est percé (merci la punaise ou l'agrafe qui traîne par terre !), il se dégonflera en douceur !

Gonflez-le bien pour qu'il soit le plus instable possible : tout l'intérêt réside dans le déséquilibre qu'il provoque. C'est en effet cette instabilité qui vous aidera à prendre conscience de votre posture. Installez-vous le dos bien droit et les jambes en angle d'environ 100°, puis allez-y progressivement. Inutile de vouloir passer toute la journée sur votre ballon ! Comme il n'est pas stable, vous redresser demandera des efforts, ce qui est bénéfique, notamment pour votre dos. Mais cela peut aussi être fatigant, surtout au début. Le bon rythme : vous asseoir en alternance sur votre chaise et sur le Swiss ball, en commençant par quelques minutes pour atteindre progressivement une demi-heure sur le ballon.

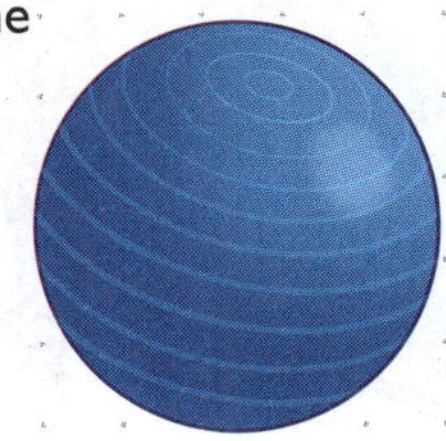

Vous êtes rodée ? Bougez ! Faites rouler le ballon vers la gauche, puis revenez vers la droite, allez ensuite en avant, puis en arrière. Ce dernier mouvement vous permettra de détendre votre dos et d'étirer vos lombaires. Vous pouvez également faire des ronds avec le ballon ou encore détendre vos jambes en les levant en alternance.

Je bouge pendant ma journée de travail

Votre pire ennemi : la sédentarité ! Plus qu'une pratique sportive régulière, ce qui compte vraiment, c'est de bouger le plus possible tout au long de la journée afin de compenser les longues heures passées assise. L'idéal : effectuer les 10 000 pas quotidiens, soit 30 minutes de marche (ou plus, évidemment), conseillés par l'OMS ! C'est tout bénef (cf. p. 53) pour votre dos, mais aussi pour votre circulation sanguine (notamment dans votre cerveau) et votre concentration. Allez, c'est le moment de ressortir vos baskets !

1. Je me mets aux walking meetings !

Comme Barack Obama, faites vos rendez-vous ne nécessitant pas d'ordi en marchant. C'est tendance, et cela stimule la créativité !

2. Je descends du bus ou du métro une station plus tôt !

Cela ne vous fera pas perdre beaucoup de temps et cela vous aérera l'esprit.

3. Je prends les escaliers !

Adieu, ascenseur ou escalator, prenez les escaliers dès que possible. Pourquoi ne pas organiser des challenges avec vos collègues ?

4. Je vais voir mes interlocuteurs au lieu d'envoyer des mails !

Et si on vous demande ce que vous faites dans les couloirs, répondez que marcher 2 minutes par heure augmente de 16 % la productivité !

5. Je bosse à la maison ? Je travaille debout !

En passant une dizaine de minutes debout plusieurs fois par jour, vous favoriserez votre circulation sanguine, notamment au niveau de vos jambes, et soulagerez votre dos. Alterner les positions vous permettra aussi de séquencer votre travail, et donc d'être plus efficace.

En pratique, vous pouvez boire votre café, répondre à un appel, lire un dossier ou réaliser une courte tâche debout. N'hésitez pas aussi à faire quelques exercices. Par exemple, montez sur la pointe des pieds et redescendez. Ces contractions répétées stimuleront la circulation veineuse, surtout au niveau des mollets. Vous pouvez aussi lever les orteils vers les genoux pour étirer ces derniers. Besoin de soulager votre dos ? Mettez les mains sur les fesses : partez en extension en arrière avec le haut du corps, le bassin vers l'avant.

Assise ou debout ? Les deux !

Il existe aujourd'hui plusieurs solutions pour travailler en alternance assis-debout : les supports ou plateformes ajustables à poser sur votre table de travail, les bureaux réglables en hauteur, les tabourets ergonomiques… Ce mobilier s'est considérablement démocratisé ces dernières années. Il vous permettra de changer régulièrement de position mais aussi de gagner en dynamisme et en concentration.

Chapitre 4

Je gère mon temps comme une pro !

Les semaines défilent et se ressemblent ? Toujours trop courtes, toujours trop remplies, n'est-ce pas ? Arrêter de courir en permanence, trouver du temps rien que pour vous, définir vos priorités et vos limites, vous reposer et vous ressourcer (pas seulement en vacances !), garder des moments pour votre famille et vos amis… Tout cela est essentiel pour concilier durablement bien-être et performance, sérénité et efficacité. Mais c'est parfois aussi un vrai casse-tête au quotidien. Alors, prête à jouer les funambules pour trouver votre équilibre ?

Mon programme pour mieux concilier vie pro et vie perso

Remettre le travail à sa juste place, voilà votre mission pour une vie plus épanouie. Vous avez l'impression de manquer de temps ? Rassurez-vous, après un petit bilan, vous verrez qu'il est possible de réaliser des ajustements, et donc de retrouver du temps pour ce qui compte vraiment pour vous.

1. Je prends le temps de faire le point

Vous êtes tellement sous l'eau en permanence que vous n'arrivez peut-être même pas à vous accorder 5 minutes pour prendre du recul ! Pourtant, vous le sentez sûrement au fond de vous : vous avez besoin de vous arrêter !

Mon objectif : j'observe mon quotidien

Avant de foncer tête baissée pour bouleverser toute votre organisation et chambouler vos habitudes, appuyez sur pause ! Loin de vous faire perdre votre précieux temps, ce moment d'observation va vous permettre d'en gagner par la suite en trouvant des solutions qui vous correspondent.

1. J'analyse ma semaine

Décortiquez votre vie quotidienne pendant 1 semaine. Remplissez l'agenda ci-dessous sans culpabiliser ou vous juger. Inscrivez-y du matin au soir chacune de vos actions, à la maison comme au bureau, ainsi que leur durée. Vous aurez un aperçu fidèle de ce qu'il advient réellement de votre temps… Et vous aurez certainement des surprises !

JOUR	Lundi	Mardi	Mercredi	Jeudi	Vendredi	Samedi	Dimanche
Matin							
Après-midi							
Soir							

- Parvenez-vous à préserver 1 ou 2 jours off (sans travail du tout) ? OUI / NON
- Estimez-vous avoir eu suffisamment de temps pour vous ? OUI / NON
- Votre vie sociale vous convient-elle ? OUI / NON
- Avez-vous réussi à faire tout ce que vous vouliez faire, au niveau pro ET perso, dans la semaine qui vient de s'écouler ? OUI / NON
- L'équilibre entre vos contraintes et vos plaisirs est-il satisfaisant pour vous ? OUI / NON
- Avez-vous maintenu suffisamment d'activités personnelles (loisirs, sports, etc.) depuis que vous travaillez ? OUI / NON
- Votre relation au temps vous semble-t-elle apaisée (c'est-à-dire sans avoir la sensation d'être en retard, de manquer de temps, de courir partout, d'enchaîner les activités sans répit) ? OUI / NON

➾ Vous avez une majorité de OUI ? Bravo, continuez comme ça, vous arrivez à jouer sur tous les tableaux sans frustration.

➾ Vous avez une majorité de NON ? Ce premier diagnostic vous montre qu'un rééquilibrage est nécessaire pour ne pas laisser votre travail envahir les autres domaines de votre vie.

2. Je fais mon bilan

Enfin, faites le point sur vos bonnes et moins bonnes pratiques au quotidien. L'objectif : booster les bons réflexes et en finir avec les mauvais, évidemment !

▷ Je trouve que je ....

....

▷ Il faudrait que ....

....

▷ À continuer : ....

....

▷ À arrêter : ....

....

▷ À faire plus : ....

....

▷ À faire moins : ....

....

3. J'identifie mes croyances sur le temps

Vous avez forgé, au fil de vos expériences et de votre éducation, une série de croyances sur la gestion du temps. Elles sont d'ailleurs peut-être si profondément ancrées que vous n'en avez pas toujours conscience. Votre mission : laisser venir, sans autocensure, tout ce qui vous vient à l'esprit à propos du temps, et ce qu'il vous semble possible… ou non. Et changez de perspective.

MA CROYANCE	LA SOLUTION
Je dois terminer mon travail avant de pouvoir me reposer et prendre du bon temps.	Pour bien travailler, mon cerveau a besoin de temps de repos réguliers. Je prends donc de petites pauses régulières.
Je n'ai pas de temps pour moi.	Je ne manque pas de temps, je ne considère simplement pas le temps pour moi comme une priorité. J'inscris donc ces moments dans mon agenda comme des rdv pro.

2. Je (ré)équilibre mes sphères de vie

Working girl, amoureuse, amie, et même peut-être yogi ou championne de krav-maga… Pas de doute, vous menez plusieurs vies de front ! Mais parvenez-vous à trouver un équilibre qui vous convienne vraiment ?

Mon objectif : j'en finis avec les débordements !

Vendredi, vous vous l'étiez promis, vous deviez finir tôt pour aller à votre cours d'aéroboxe. Oui, mais voilà, vous vouliez absolument peaufiner votre présentation PPT… Résultat des courses ? Vous êtes arrivée trop tard pour votre séance. Vous voilà frustrée, une fois de plus !

Mon pas à pas pour réaliser mon carré de vie !

Créé par Marina Bourgeois, fondatrice d'Oser rêver sa carrière, le carré de vie a été pensé pour vous aider à réinvestir toutes les sphères de votre vie en vous fixant 2 objectifs :

1. Redonner de l'importance à votre vie extraprofessionnelle en créant de nouvelles habitudes qui participent à votre équilibre.
2. Réfléchir à la façon dont vous souhaitez vivre en incluant votre projet professionnel dans votre projet de vie, et non l'inverse !

Rien que d'y penser, cela vous fait rêver ? C'est le moment de tenter !

How to do ?

- Prenez votre feuille et partagez-la en 4 cases représentant vos 4 vies (personnelle, professionnelle, sociale et intérieure).
- Remplissez ce carré de vie, case par case, en vous remémorant les mois qui viennent de s'écouler : indiquez les événements marquants, les activités réalisées, les sorties, les missions menées… Vous ne savez pas quoi indiquer exactement dans « vie pro » ? Notez vos missions, projets, dossiers, tâches en précisant votre temps de travail moyen par jour, etc. Votre case vie pro est la plus chargée ? Il y a vraisemblablement là un petit (ou gros) déséquilibre entre les différents champs de votre vie !
- Une fois cette première étape réalisée, reproduisez à nouveau votre carré de vie et remplissez-le en pensant au futur. Votre fil directeur : « Comment ai-je envie de vivre désormais ? » Gardez ce carré idéal en tête quand vous remplirez votre agenda. N'hésitez pas à l'afficher pour qu'il guide votre quotidien.

Le matériel qu'il vous faut :
- Une feuille A4
- Une règle
- Un stylo

Et c'est tout !

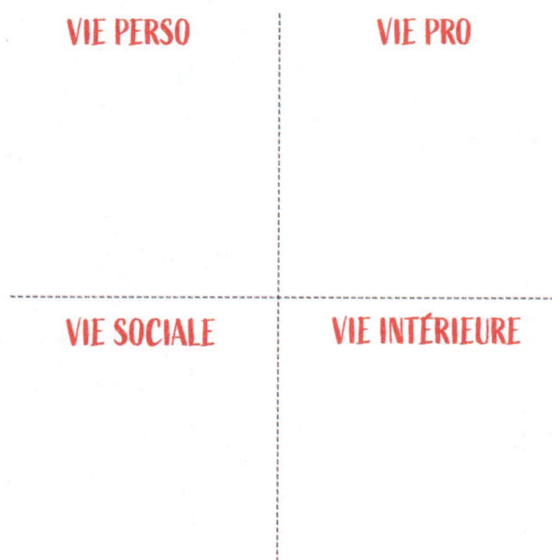

3. Je transforme mes temps de trajet

Vous vous êtes fait la réflexion plus d'une fois : avec le temps que vous passez dans les transports depuis que vous avez commencé à bosser, vous auriez pu partir en vacances 6 mois ! Pas de doute : vous en avez marre !

Mon objectif : faire de mes trajets des moments de plaisir !

Arrêtez de subir le temps passé dans le métro, dans le bus ou dans les embouteillages en voiture. Changez plutôt de regard sur vos trajets en les égayant. Ne râlez plus, mais abordez-les comme un sas de décompression, un moment qui peut vous être bénéfique. Vous finirez même peut-être par les apprécier !

Mes petites listes pour transiter heureuse

Ma blacklist (ce que j'évite absolument) :

- Répondre à des mails et des appels pro non-stop : le temps de trajet doit être un sas de décompression !
- Ruminer parce qu'il y a un incident technique dans le métro, un embouteillage en bus ou voiture… Ça ne vous fera pas arriver plus vite.
- Faire du zapping (ou de la veille pro) sur les réseaux sociaux pour tuer le temps, alors même que vous captez très mal et que cela n'a donc pas grand intérêt.
- Prendre le bus ou la voiture pour de courtes distances, si vous pouvez marcher ou faire du vélo.

Ma to-do list spéciale trajets feel good :

- S'évader en musique : faites-vous une playlist spéciale transports.
- Écouter des podcasts ou des livres audio.
- Méditer (via des applis au besoin).
- Parler aux gens qui vous entourent et que vous voyez peut-être tous les jours dans le train ou à l'arrêt de bus.
- Faire des exercices de respiration comme la cohérence cardiaque pour vous détendre (voir p. 51).
- Faire une micro-sieste si vous prenez le train, par exemple.
- Privilégier la marche ou le vélo dès que possible.
- Observer les gens qui passent, imaginer leur vie, leur travail, leurs histoires, leurs conversations… De quoi faire marcher votre imagination !

4. Je me mets au télétravail

Le télétravail ? Depuis le confinement du printemps 2020 (ou même avant), vous connaissez ! Et force est de constater : jamais vous n'auriez pensé être aussi au taquet !

Mon objectif : m'offrir le bon rythme de travail

Le télétravail vous permet de gagner du temps, en évitant les trajets matin et soir, de caler des séances de sport ou des rendez-vous chez le médecin en pleine journée, mais aussi de gagner en productivité (exit, les sollicitations à n'en plus finir des collègues). Bref, le télétravail a tout bon, à raison, idéalement, de 2 à 3 jours par semaine pour maintenir de bons liens avec votre équipe et ne pas vous sentir trop isolée.

Mes 10 commandements pour tirer le meilleur du télétravail

Télétravailler, c'est bien ! Mais encore faut-il se fixer quelques règles en la matière pour éviter les débordements…

1. Des horaires, tu te fixeras
Qui dit télétravail, dit liberté et flexibilité. Mais poser un cadre est nécessaire pour éviter que votre travail ne déborde trop souvent sur vos soirées ou vos week-ends.

2. Un espace de travail, tu délimiteras
Avoir un bureau dédié à vos journées de travail est l'idéal pour maintenir une frontière entre votre vie pro et votre vie perso. Si ce n'est pas le cas, essayez au moins de délimiter un endroit à la maison en évitant la chambre !

3. Dans ta bulle, tu te mettras
À vous de vous créer votre cocon : musique, huiles essentielles… Mettez-vous dans de bonnes conditions pour réussir à vous concentrer avec le sourire.

4. Des pauses, régulièrement tu feras
Ce n'est pas parce que vos collègues ne sont pas physiquement présents avec vous qu'il faut travailler non-stop. Cela serait contre-productif. Votre cerveau a besoin de pauses régulières… même à domicile !

5. Des liens avec tes collègues et ton manager, tu garderas
Au bureau, la machine à café permet de papoter, de parler boulot, mais pas seulement : les échanges informels font naître de nouvelles idées, favorisent des rencontres qui débouchent sur des projets, nous aident à mieux connaître nos collègues… À distance, ces temps d'échanges informels sont plus rares. Veillez donc à instaurer des points téléphoniques, envoyer un message pour prendre des nouvelles, à poster un petit mot sur Slack… Autant d'attentions qui permettront de maintenir des liens solides avec votre team !

6. Des tâches de fond, tu privilégieras
Quelles missions pouvez-vous mener en télétravail plus facilement qu'en plein open space ? Décidez précisément les tâches que vous préférez effectuer au calme chez vous.

7. De nouveaux rituels en place, tu mettras
Si vous observez le déroulé de votre journée au bureau, vous verrez qu'elle est remplie de rituels : le trajet en transport, la pause café, le déjeuner en équipe… Créez-vous de nouvelles habitudes à domicile, cela vous aidera à mieux travailler.

8. Un sas de décompression en fin de journée, tu prévoiras

Le temps passé dans les transports a le mérite de vous offrir une coupure entre le boulot et la maison. En télétravail, prenez quelques minutes pour vous aérer l'esprit en éteignant votre ordi : une séance de méditation de 10 minutes ? Une sortie pour aller acheter du pain ? Un appel à votre BFF ?

9. Les outils digitaux de collaboration, tu utiliseras

Le digital rend la communication à distance facile, profitez-en : Zoom, Slack, Teams, WhatsApp, Mail… Définissez avec votre équipe les meilleurs outils pour maintenir une certaine proximité tout au long de votre journée de travail en home office.

10. Des petits plaisirs, tu t'accorderas

Faites la liste des choses qui vous font du bien, et que vous ne pouvez pas forcément faire quand vous êtes au bureau. Travailler pieds nus ou en chaussons ? Mettre de la musique sans casque ? Travailler sur votre balcon ? Ce sont de petits kifs qui vous boosteront.

5. Je me ressource pendant mes journées de travail

Vous attendez un appel, votre boss est en retard pour votre réunion du jour… Il vous arrive sûrement d'avoir 5 minutes devant vous sans forcément savoir quoi en faire. Résultat des courses : vous perdez ce temps sur les réseaux sociaux ou regardez pour la 20e fois votre boîte mail. Pourtant, 5 minutes + 5 minutes + 5 minutes… Ça en fait, du temps gaspillé !

Mon objectif : faire des pauses l'air de rien !

Entraînez-vous à prendre des micro-pauses. Levez-vous et faites des étirements, respirez, bougez… Les bénéfices ? La stimulation de la circulation sanguine et de votre métabolisme, de meilleures concentration et posture, un gain d'énergie et de bonne humeur… Allez, tentez !

Mon outil pour des micro-pauses qui font du bien

Listez sur une page tous les gestes qui vous feraient du bien en 5 minutes chrono. Lorsque vous avez un moment de battement, plongez-vous dans cette liste et accordez-vous un petit plaisir. À force, vous allez mettre en place de nouvelles habitudes bien-être.

Quelques pistes pour vous inspirer ?

- Respirez : inspirez à fond, bloquez votre respiration, puis expirez lentement. Dans l'idéal, sortez, rien de mieux que le plein air !
- Mettez-vous à la fenêtre et observez quelque chose : une affiche, un arbre, une maison, un oiseau…

- Gardez dans vos affaires de bureau ou dans votre sac une photo évoquant un souvenir heureux : vacances, anniversaire, paysage, vos proches, des animaux… Regardez-la et reconnectez-vous aux émotions positives qu'elle dégage. Cela devrait vous faire sourire.
- Bougez ! Faites le tour de votre étage, montez des escaliers, étirez-vous…
- Écrivez le plus vite possible tout ce qui vous tracasse. Au bout de 60 secondes, chiffonnez votre feuille et lancez-la dans la corbeille à papier.
- Fermez les yeux et pensez à quelque chose que vous aimez avec vos sens : le bruit de l'océan, l'odeur des bougies, etc.
- Faites-vous un thé ou un café, savourez-le avec un carré de chocolat.
- Chouchoutez-vous : mettez-vous de la crème sur les mains, faites-vous un automassage de la nuque, etc.
- Ne faites rien du tout… sans culpabiliser ! Aux Pays-Bas, on appelle cela le « niksen ».

6. Je m'autorise à prendre du temps rien que pour moi

Vous ne vous souvenez pas de la dernière fois que vous vous êtes fait vraiment plaisir ? C'est le moment de mettre un frein à votre vie en pilote automatique !

Mon objectif : buller sans culpabiliser !

Non, vous accorder du temps rien qu'à vous n'est pas un luxe ou une lubie ! C'est tout simplement nécessaire, parce que ce temps vous reconnecte à vous-même. Prendre soin de soi est un moment de récupération : vous ne dépensez plus d'énergie, vous en regagnez. De quoi repartir plus forte ! Plus question de reporter : libérez-vous une plage horaire sur votre agenda et autorisez-vous à en profiter pleinement sans culpabiliser de « perdre votre temps » ou bien d'être « moins productive ». Votre priorité, c'est votre bien-être, un point c'est tout !

Mon exercice pour éviter de reporter mon bien-être !

- Dressez la liste de toutes les choses que vous voulez faire pour vous-même. Sport, lecture, temps en famille ou avec des amis… Notez tout et priorisez ce qui vous semble le plus important pour répondre à vos besoins (par un code couleur ou un picto, par exemple).
- Ouvrez votre agenda et examinez votre emploi du temps de la semaine. Vos éléments prioritaires y sont-ils notés ? La règle est la suivante : si ces temps de bien-être sont importants pour vous, alors ils doivent y figurer !
- Si nécessaire, éliminez des tâches de votre emploi du temps afin de libérer de la place pour l'un de vos souhaits prioritaires.

7. Je m'amuse au travail

Même si vous aimez votre boulot, vous n'avez pas forcément conscience que vous pouvez vous y amuser… Ou comment travailler sérieusement, sans se prendre au sérieux !

Mon objectif : instiller un peu de fun dans ma vie pro !

Quand on exerce le même job depuis plusieurs années ou quand on est plongée dans son travail, on n'a plus conscience de son intérêt. On oublie parfois à quel point on peut s'amuser en le faisant. Prendre du plaisir et vous amuser dans tout ce que vous faites, à chaque instant, c'est possible. Autrement dit : bossez sérieusement sans vous prendre au sérieux ! Votre semaine sera aussi kiffante que vos week-ends (ou presque !).

Mon bon plan pour bosser en jouant !

Gamifiez au maximum vos réunions, organisez des défis avec vos collègues… Le jeu est une des meilleures façons d'apprendre et de faire preuve d'imagination. Même les contraintes de temps peuvent ainsi devenir stimulantes. Un exemple ? Le fait d'imposer un « time keeper », un sablier ou un challenge chronométré, vous obligera à être plus créative… Vous pouvez aussi vous amuser avec vos collègues : vive les gages, les blagues, les bureaux redécorés le temps d'un anniversaire…

Quelle désorganisée êtes-vous ?

Bien gérer votre temps ? Vous en rêvez pour vous consacrer davantage à votre bien-être, à votre vie perso ! Mais voilà, vous êtes bien obligée de constater qu'au boulot, votre organisation n'est pas totalement parfaite, vous pouvez même parfois être désorganisée, voire bordélique ! Votre solution : découvrir quelle désorganisée sommeille en vous et lui proposer quelques tips pour mieux gérer !

La procrastinatrice

C'est moi si…

Procrastiner, clairement, cela arrive à tout le monde ! Mais en avez-vous fait votre signature pro ? Cochez les cases ci-après si vous vous reconnaissez (ou non).

Au boulot, je procrastine si…	Oui, c'est carrément moi !	Non, franchement, ça va !
Je trouve toujours des prétextes/excuses pour ne pas me plonger dans un dossier urgent.	☐	☐
Je repousse souvent certaines tâches jusqu'à la deadline (voire au-delà !).	☐	☐
Je me démotive facilement face à l'ampleur de la tâche qui m'attend.	☐	☐

Ce que cela dit de moi…

Procrastiner, ce n'est pas (toujours) faire preuve de mauvaise volonté ! Si vous remettez sans cesse à demain vos dossiers brûlants, c'est peut-être que :

- vous êtes débordée,
- vous ne savez pas par où commencer vos activités,
- vous n'avez pas vraiment de buts réels ou de source de motivation,
- vous êtes perfectionniste et voulez donc toujours faire mieux que bien,
- vous avez peur ! Eh oui, même quand on est adulte et vaccinée, on peut redouter d'échouer ou d'être confrontée au regard des autres. Comment savoir si c'est votre cas ? Vous entendez sûrement cette petite voix qui vous dit que vous n'y arriverez jamais, que vous n'êtes pas à la hauteur, et qu'il vaut donc mieux ne rien faire ! Et ensuite, vous culpabilisez !

L'échelle de ma procrastination

Coloriez la jauge pour évaluer votre niveau de procrastination. L'objectif : prendre conscience, sans jugement, de la place qu'occupe la procrastination dans vos journées de travail.

1	2	3	4	5	6	7	8	9	10

1 = « Je procrastine occasionnellement, cela ne me gêne pas » – 10 = « Je procrastine très souvent, cela me bloque ».

Mes 3 outils de contre-attaque

Si la procrastination prend trop de place dans votre quotidien (vous lui avez attribué 5/10 ou plus), tentez de mettre en place ces quelques outils pour mieux vivre vos journées.

1. La liste des parasites pro !

Identifiez tout d'abord ce qui vous détourne de votre travail. Les réseaux sociaux, l'overdose de réunions… Faites la liste de tout ce qui vous empêche de vous y mettre. Indiquez en face de ces items les mesures que vous pourriez facilement prendre pour corriger le tir.

À vous de jouer !

Ce qui m'empêche de bosser	Les solutions à tester
– Les 843 mails qui s'accumulent dans ma boîte pro. – Les sollicitations des collègues. – .... – .... – .... –	– Désactiver les notifications sur mon ordi et mon smartphone. – Accrocher un petit panneau « Ne pas déranger » sur la porte du bureau. – .... – .... – ....

2. Le carnet d'amélioration

Si ce sont vos pensées qui vous empêchent de travailler, réalisez un carnet d'amélioration. Pour cela, faites (encore) un tableau. Dans la colonne de gauche, notez chaque pensée négative qui vous vient à l'esprit et, dans la colonne de droite, faites une évaluation plus objective de la situation. L'objectif : faire taire cette petite voix en relativisant.

À vous de jouer !

Mes pensées négatives	La situation vue en vrai (avec objectivité)

3. Le kaizen (voir p. 30)

Si vous vous faites une montagne de la tâche à accomplir, morcelez-la en plusieurs objectifs. Cela vous paraîtra moins effrayant et vous motivera davantage.

Vous avez persévéré ? Bravo ! Félicitez-vous, et rappelez-vous ce beau succès si la procrastination pointe à nouveau le bout de son nez. L'objectif : ne plus vous laisser paralyser par un objectif trop important et passer à l'action étape par étape.

À vous de jouer !

Mon objectif	Mes étapes intermédiaires
....	....

L'éparpillée

Mener plusieurs projets de front, travailler sur des sujets variés, rendre service à ses collègues… Tout ça, c'est bien, mais est-ce que cela nuit à la qualité de votre travail ? Cochez les cases ci-après si vous vous reconnaissez (ou non).

C'est moi si…

AU BOULOT, JE ME DISPERSE SI…	OUI, C'EST CARRÉMENT MOI !	NON, FRANCHEMENT, ÇA VA !
Je commence beaucoup de dossiers, mais n'arrive pas souvent au bout.	☐	☐
J'accepte les demandes des autres sans faire le point sur mes propres priorités.	☐	☐
Je dis toujours « oui » à un nouveau projet.	☐	☐
Je m'attelle à chaque nouvelle tâche qui arrive en abandonnant la précédente, puis j'abandonne celle-ci pour revenir aux tâches prioritaires. Mais c'était sans compter ce mail qui arrive avec une demande à traiter…	☐	☐

Ce que cela dit de moi

D'une nature curieuse, vous aimez la diversité des projets et la nouveauté ne vous fait pas peur. Bien au contraire ! Le hic ? Vous vous laissez happer par une charge de travail trop importante… Vous voulez mener tellement de choses de front que peu aboutissent vraiment. Vous papillonnez plus que vous ne finalisez des projets en profondeur.

L'échelle de mon éparpillement

Coloriez la jauge pour évaluer votre niveau d'éparpillement. L'objectif : prendre conscience de votre habitude à vous éparpiller, sans jugement, pour réussir à y remédier.

1	2	3	4	5	6	7	8	9	10

1 = « Je m'éparpille occasionnellement, cela ne me gêne pas » – 10 « Je m'éparpille très souvent, cela me bloque ».

Mes deux outils de contre-attaque !

Vous vous éparpillez (beaucoup) trop (vous vous êtes attribué la note de 5 ou plus) ? Vite, adoptez ces quelques outils !

1. La liste des choix

Vous avez envie de vous initier au chinois, de devenir influençeuse, de vous engager dans une association ? Cela fait peut-être beaucoup à gérer simultanément ! Listez tout ce que vous aimeriez entreprendre, sans vous censurer, puis faites des choix. Qu'est-ce qui relève d'une lubie passagère ? Qu'est-ce qui vous tient particulièrement à cœur ? Quels projets sont complémentaires entre eux ou quels sont ceux qui tranchent complètement avec les autres ? À l'échelle de votre journée de travail, passez en revue les tâches à effectuer et faites du tri. Votre mot d'ordre : PRIORISER !

Pour vous y aider, utilisez la matrice d'Eisenhower. Cet outil va vous permettre d'identifier les tâches vraiment essentielles. Prenez une feuille de papier. Votre page se compose de 4 sections : « urgent et important », « urgent mais pas important », « pas urgent mais important », « pas urgent ni important ». Remplissez votre matrice en partant de votre to-do list de la semaine ou du mois. Demandez-vous où placer chaque tâche. Vous verrez que prendre ce temps vous permettra d'avancer l'esprit plus léger au lieu de mener vous-même toutes ces tâches en mode pilotage automatique.

Urgent et important .... ▻ À faire tout de suite	**Pas urgent mais important** .... ▻ À planifier plus tard
Urgent mais pas important .... ▻ À déléguer	**Pas urgent ni important** .... ▻ À supprimer ?

2. La timeline de ma journée

Pour éviter de vous éparpiller dans votre journée, réalisez votre timeline.

- Au centre de votre feuille, tracez une ligne temporelle en vous inspirant du modèle ci-dessous. Elle peut commencer à 8 heures et se terminer à 22 heures (selon votre rythme de vie).
- À gauche, dans la colonne « À faire », planifiez votre journée heure par heure depuis votre réveil jusqu'au début de votre soirée. Indiquez vos temps de préparation, de trajet, vos missions, rendez-vous, tâches à effectuer, pauses, loisirs en fin de journée…
- À midi et/ou en fin d'après-midi, faites le bilan en notant dans la colonne « Fait », à droite, comment s'est réellement passée votre journée. Tout s'est-il déroulé comme prévu ? Avez-vous mené à bien toutes les missions prévues ou vous êtes-vous

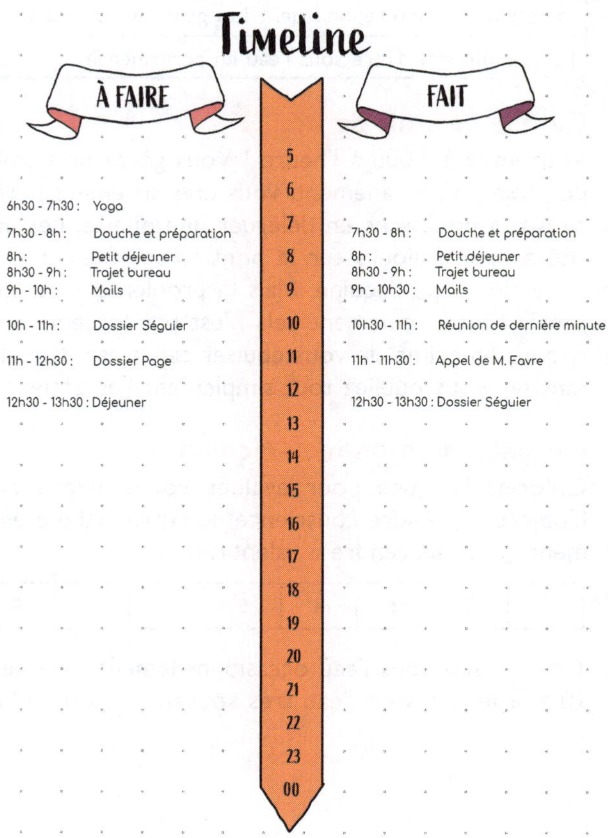

laissée distraire par d'autres tâches qui étaient pourtant moins urgentes ? Certaines tâches ont-elles été plus chronophages que prévu ?

- Laissez un espace sur votre page pour y noter des pistes d'amélioration : mieux cibler mes priorités, éteindre les notifications de mon téléphone en travaillant…

La débordée

Certes, tout le monde a des périodes de rush dans l'année… Mais vous avez tout de même l'impression que c'est votre lot quotidien… Est-ce vraiment le cas ? Faites le point avec le tableau ci-dessous.

C'est moi si…

AU BOULOT, JE SUIS OVERBOOKÉE SI…	OUI, C'EST CARRÉMENT MOI !	NON, FRANCHEMENT, ÇA VA !
Mon agenda est plein, il déborde de rendez-vous tous les jours.	☐	☐
J'ai beaucoup de retard dans le traitement de mes mails, des messages sur mon répondeur… Les gens me relancent.	☐	☐
J'ai le sentiment d'être sous l'eau en permanence.	☐	☐

Ce que cela dit de moi…

Vous vivez à 1 000 à l'heure ! Vous gérez un nombre incroyable de missions et de projets simultanément, vous êtes sûrement perfectionniste et voulez faire les choses à fond, sans en déléguer une miette. Les autres admirent votre capacité à être toujours sur le pont : vous êtes la « Wonder Woman » ou la « warrior » de l'équipe. Mais le problème, c'est que vous ne vous arrêtez jamais ! Non seulement cela n'est pas forcément épanouissant, mais vous risquez en prime de vous épuiser car, prise dans un tourbillon d'activités sans fin, vous oubliez tout simplement l'essentiel : vous-même !

L'échelle de mon hyperactivité

Coloriez la jauge pour évaluer votre niveau de débordement. L'objectif : prendre conscience de votre rythme effréné, sans jugement, pour apprendre à ralentir.

1	2	3	4	5	6	7	8	9	10

1 = « Je suis sous l'eau occasionnellement, cela ne me gêne pas »
10 = « Je suis sous l'eau très souvent, cela me bloque ».

Mon outil de contre-attaque

Pas de doute, vous êtes sous l'eau en permanence ! Et si vous faisiez une *time mountain* pour prendre un peu de hauteur ? Son intérêt : elle vous permettra de visualiser vos temps de travail et vos temps de repos.

Le matériel qu'il vous faut :
- Une feuille A4
- Une règle
- Un stylo

Et c'est tout !

How to use ?

- Sur une feuille, réalisez un axe temporel horizontal représentant les heures de la journée.
- Dessinez votre journée en faisant monter la courbe aux heures d'activité intense et en la faisant descendre aux heures d'activités de détente.
- Une fois la courbe réalisée, observez le jeu de montée et de descente, assurez-vous que votre journée est bien équilibrée, c'est-à-dire que vous avez bien une alternance régulière de moments d'activité forte (montée) et de moments de répit (descente). Votre courbe doit ressembler, idéalement, à une succession de petites collines. Si ce n'est pas le cas, ajoutez des pauses dans vos journées de travail ou des activités plus tranquilles afin de ne pas être à fond (au sommet de la courbe) non-stop. Si vous n'arrivez pas à venir à bout de toutes vos tâches, prenez l'habitude d'attribuer à chacune un temps précis que vous devrez respecter.

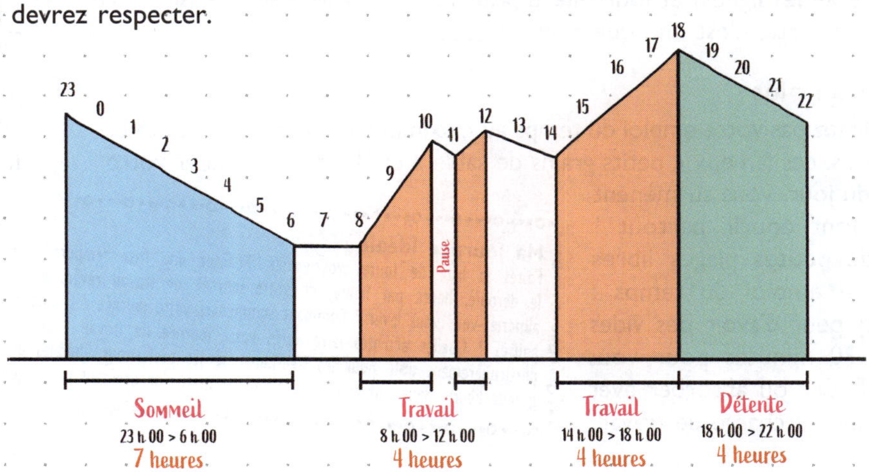

Mes petits outils pour organiser des journées de travail feel good !

Maintenant que vous avez identifié vos sources de désorganisation, il est temps de vous équiper ! Un agenda (bien organisé), des mind maps et to-do lists efficaces : rien de tel pour devenir une pro de la gestion du temps !

Je fais de mon AGENDA mon meilleur ami

Qu'il soit papier ou électronique, c'est un outil incontournable… Mais cela, vous le savez depuis le collège ! Reste à savoir comment bien le choisir ET le remplir !

J'opte pour un agenda électronique…

Notez-y TOUS vos rendez-vous, personnels, professionnels, et même ceux avec vous-même (détente, sport, micro-sieste, etc.). N'hésitez pas à ajouter un code couleur par plage horaire pour les grandes thématiques (par exemple : bleu pour la famille/les proches, orange pour le travail et rose pour vous) afin que le planning soit bien clair, convivial et équilibré.

Je suis #oldschool : je préfère l'agenda papier !

Privilégiez un agenda qui vous permette une vision à la fois hebdomadaire (dans les grandes lignes) et journalière pour avoir plus de visibilité sur votre planning. Le reste, c'est une question de goût !

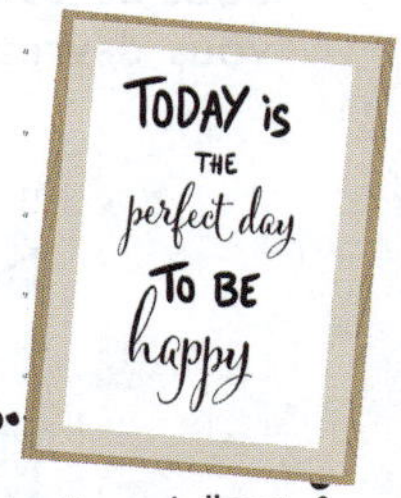

L'astuce en plus

Ne remplissez pas votre emploi du temps au maximum, pour pouvoir absorber les imprévus, ces fameux « petits grains de sable » qui font vite déraper votre planning du jour, vous surmènent et vous font courir partout ! Laissez de petites plages libres dans votre emploi du temps : n'ayez pas peur d'avoir des vides de 15 à 30 minutes pour vous aérer, réfléchir ou absorber avec sérénité une surcharge de travail.

Ma journée idéale
Faites la liste de toutes vos envies. Réalisez une frise temporelle et indiquez le déroulé, heure par heure, de votre journée de travail rêvée. À quelle heure aimeriez-vous vous lever ? Comment commencer votre journée ? Quand prendre des pauses ? Quelles activités faire après votre journée de travail ? Cet exercice est particulièrement utile pour les free-lance ou les professions libérales qui ont une grande liberté dans leur emploi du temps… mais n'en profitent pas toujours assez !

Je me mets au mind mapping

Conceptualisé par le psychologue britannique Tony Buzan, le mind mapping est un outil ludique et créatif pour organiser visuellement votre pensée. Cette carte mentale permet une vision globale et synthétique des informations, sur une seule feuille, et une vision analytique avec des détails dans chaque branche. Elle est très utile pour les personnes qui ne savent pas par où commencer leur réflexion car elle permet d'y voir plus clair.

Le matériel qu'il vous faut :
- Une feuille A4
- Un stylo
- Des feutres, crayons de couleur, etc.

Et c'est tout !

How to do ?

- Pour vous lancer, dessinez un petit nuage au centre d'une feuille blanche (en format paysage) et inscrivez-y le sujet concerné (par exemple : « Mes priorités de la semaine »).
- Faites partir de celui-ci des branches pour indiquer les idées ou les tâches principales, puis tracez des ramifications pour les idées et les tâches secondaires.
- Utilisez des mots-clés ou encore des pictogrammes pour ne pas surcharger la feuille et jouez avec les couleurs (ou les formes) pour organiser et prioriser tout cela.

À consulter tous les matins pour garder en tête les priorités que vous vous êtes fixées.

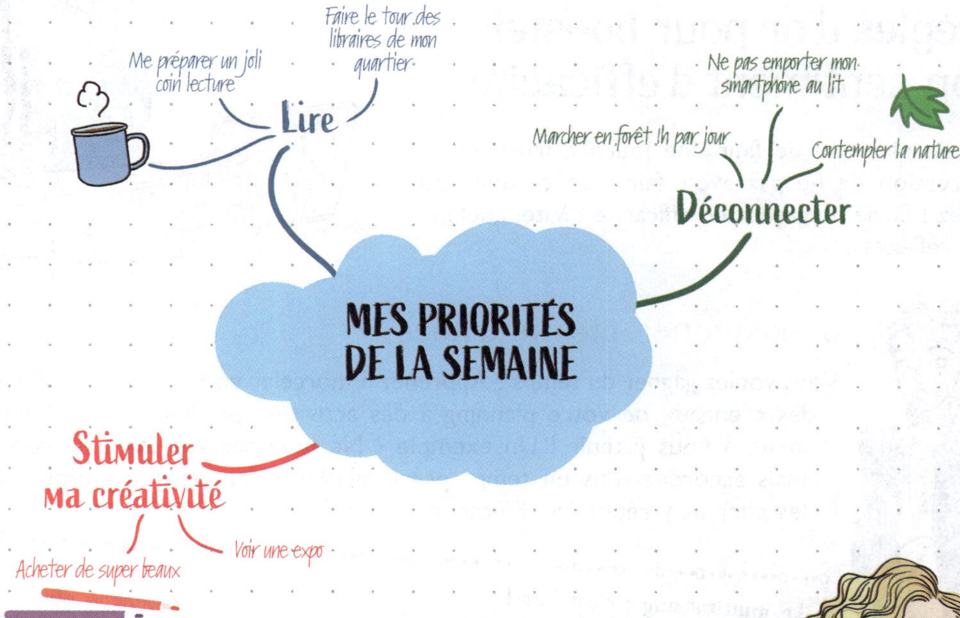

Je fais des to-do lists (vraiment) efficaces

Les to-do… Vous les aimez autant qu'elles vous stressent ! Et pour cause : d'un côté, elles vous évitent de saturer votre mémoire et d'alléger votre cerveau. De l'autre, si votre liste est très longue, sans aucune hiérarchie entre vos différentes missions, elle devient vite anxiogène. Résultat : vous avez tendance à vous éparpiller et à vous persuader que, de toute façon, vous n'y arriverez jamais !

Les clés d'une bonne to-do list !

Pour vraiment avancer, vous devez donc procéder à des arbitrages et à des choix. Chaque matin (ou la veille au soir si cela vous rassure), ciblez 3 ou 5 tâches prioritaires, en estimant un temps réaliste pour chacune. Votre to-do list doit être hiérarchisée pour être vraiment utile.

Un Bullet journal® pour mes to-do !
Vous en avez assez de perdre vos Post-it, d'avoir un agenda et des cahiers griffonnés de notes ? Réunissez tout dans un carnet. Une tâche à accomplir ? Une idée qui vous passe par la tête ? Vous la notez dans votre Bullet journal®. Créé par le designer américain Ryder Carroll, il permet de « garder une trace du passé, d'organiser le présent et de planifier l'avenir » de manière créative. Avant de démarrer, regardez sa vidéo explicative (sous-titrée en français) sur www.bulletjournal.com. En panne d'inspiration ? Cherchez le #bujo sur les réseaux sociaux.

3 règles d'or pour booster mon sentiment d'efficacité

Rien de pire que de finir une journée frustrée, avec l'impression de ne pas avoir fait tout ce que vous vouliez ! Envie de gagner en efficacité ? Vite, quelques bons réflexes !

Je séquence mes journées

Vous voulez gagner du temps ? Apprenez à morceler votre agenda en affectant des créneaux de votre planning à des activités spécifiques… Et, évidemment, à vous y tenir ! Un exemple ? Ne lisez pas vos mails en continu, mais accordez-vous un temps précis plusieurs fois dans la journée pour les trier et y répondre. Efficacité garantie !

Le multitaksing : c'est out !
Travailler sur un dossier important, tout en jetant un œil sur son compte Insta, en suivant les informations en ligne, en répondant à l'occasion à un appel privé ou au SMS de Jules… Arrêtez de croire que vous êtes capable de faire plusieurs choses à la fois de manière efficace. En réalité, le multitasking n'a pas grand-chose de bon. Il participe plutôt à vous disperser, à vous rendre distraite et anxieuse face à un rythme qui s'accélère sans cesse.

Mon exercice pour m'entraîner

Pour vous aider à dédier à chaque créneau horaire une mission particulière (gestion des mails, bouclage de dossier, call avec votre manager…), adoptez la méthode Pomodoro, aussi appelée « technique de la tomate ». Pour mettre au point cette technique, Francesco Cirillo, consultant pour de grandes entreprises, s'est appuyé sur un constat : pour qu'une personne soit productive, elle a besoin de :

1. réaliser une activité limitée dans le temps (se concentrer longtemps sur la même tâche est difficile),
2. faire des pauses fréquentes.

D'où le fameux Pomodoro, technique qui consiste à découper sa journée de travail en phases de 30 minutes ciblées sur une tâche : 25 minutes 100 % concentrée pour la mener à bien + 5 minutes de repos.

Le saviez-vous ?
La technique Pomodoro doit son nom au minuteur de cuisine en forme de tomate utilisé par son créateur lorsqu'il était étudiant à l'université. C'est l'heure de dégainer votre minuteur !

Comment procéder ?

- Pendant 25 minutes, portez votre attention sur une seule activité (c'est la fameuse tomate), en veillant à ne pas vous laisser distraire par quoi que ce soit d'autre et à ne pas interrompre votre activité.
- Après chaque activité, accordez-vous une pause de 3 à 5 minutes. Il s'agit d'un break total où vous ne faites rien de stimulant, juste un moment de relaxation et de plaisir. Quatre tomates plus tard, prenez une pause plus longue : de 15 à 30 minutes.

J'apprends à lâcher prise

« Je dois absolument boucler ce dossier aujourd'hui », « Si je ne fais pas ma pres' aujourd'hui, ça va être la cata demain »… Vous reconnaissez là cette petite voix qui vous accompagne partout, tout le temps (ou presque) ? Pour le psychiatre Christophe André, si vous vous sentez débordée, c'est souvent parce que vous vous laissez submerger par ces « notes » à vous-même qui sont en réalité des obligations et des menaces. Résultat : vous finissez par stresser, vous épuiser, voire vous envoyer des messages contre-productifs car vous vous mettez en situation d'échec permanent (non, il n'est pas possible de boucler ce dossier aujourd'hui, même avec toute votre bonne volonté, même s'il le faudrait). Autre hic de taille : en vous focalisant sur ces injonctions, vous oubliez vos propres besoins, mais aussi le plaisir de travailler !

Mon exercice pour m'entraîner

- Remplacez les « Il faut » et « Je dois » par des « Je décide de », « J'ai besoin de », « J'ai envie de ». Au fil des jours, ce changement lexical changera aussi votre état d'esprit.
- Ensuite, gardez en tête vos priorités en veillant à vous donner des objectifs raisonnables.
- Enfin, rappelez-vous ce mantra : « Fait est mieux que parfait. »

Je me concentre sur ce que je peux contrôler

Avez-vous remarqué que vous perdez parfois beaucoup de temps à râler ou ruminer contre des décisions ou des comportements que vous ne pouvez pourtant pas changer (telle personne qui vous remet toujours les éléments en retard, telle personne qui ne fait pas ce que vous lui demandez, tel choix mal avisé mais irrévocable d'un client…) ? Dites bye-bye à cette bien mauvaise habitude grâce au cercle d'influence !

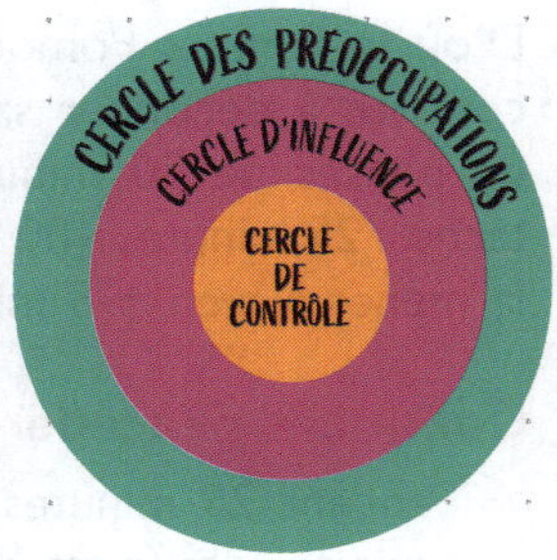

Mon exercice pour m'entraîner

Le cercle d'influence vous permet, pour chaque situation, de déterminer ce qui dépend de vous et ce sur quoi vous n'avez pas de contrôle. De quoi prendre du recul et vous concentrer uniquement sur ce qui est de votre ressort !

Comment procéder ?

Reproduisez le schéma sur une feuille ou dans votre cahier de notes et remplissez les 3 cercles en indiquant :

- **Au centre, dans le plus petit cercle, ce sur quoi vous avez 100 % de contrôle :** ce que vous pensez, ce que vous dites, vos réactions, votre travail, être positive, bienveillante…
- **Dans le centre intermédiaire, ce sur quoi vous avez de l'influence** (mais n'êtes pas seule décisionnaire) : la qualité de vos relations avec vos collègues, etc. Il s'agit des situations dont vous pouvez influencer le résultat par vos actions mais qui demandent la coopération des autres. Il est important de prendre vos responsabilités dans cette zone, mais aussi de veiller à ne pas vous épuiser à chercher des solutions en solo. Par exemple, pour instaurer le dialogue avec votre collègue de la compta avec qui ça coince, il vous appartient d'ouvrir la porte, mais pour échanger, il faut être deux.
- **Dans le dernier cercle, ce qui ne dépend pas de vous et ce sur quoi vous ne pouvez pas agir :** le règlement intérieur, une réorganisation, le comportement de votre boss, les mesures sanitaires en période de Covid-19… Le temps de réflexion passé dans cette zone est autant de temps qui pourrait être passé beaucoup plus efficacement à agir dans la zone de contrôle où tout vous appartient.

⇨ L'objectif ? Laissez tomber les éléments du dernier cercle, cela ne vaut même pas la peine de dépenser de l'énergie à râler à propos de ces sujets. Agissez sur les deux premiers cercles, cela vous rendra beaucoup plus positive, sereine et bien au travail !

Je fais la chasse aux voleurs de temps

Si vous avez souvent l'impression que les journées passent bien trop vite, c'est peut-être parce que vous êtes constamment dérangée par une collègue bavarde, des réunions à rallonge, un client envahissant… Il est temps que cela cesse (autant que possible) !

Je pose mes limites

Entre les collègues qui squattent votre bureau, les contraintes qu'on vous impose et les « T'as 2 secondes tout de suite, là maintenant ? », vous avez parfois l'impression de perdre votre temps ? C'est le moment d'agir !

Exit, les pompeurs de temps !

Au bureau, notez à quels moments vous vous efforcez d'être un peu trop poli(e). Vous arrive-t-il souvent d'avoir des conversations ou interactions qui ne vous servent à rien ? Protégez-vous des gens qui vous épuisent en vous fixant de saines limites.

C'est décidé, je m'y mets !

Dressez ici la liste des personnes qui vous accaparent et vous détournent de votre programme de la journée. Votre objectif : trouver une solution adaptée à chaque pompeur de temps pour limiter les interruptions dans votre travail.

LES PERSONNES	LEURS COMPORTEMENTS	CE QUE JE PEUX FAIRE
Ma collègue Caroline	Elle m'interrompt sans cesse pour des infos ou des conseils sur ses dossiers.	Lui dire que vous pouvez faire un point une fois par jour, mais pas plus !

Je simplifie ma vie

Avez-vous le sentiment de crouler sous les contraintes, les obligations familiales ou professionnelles ? Ce trop-plein vous pompe du temps et de l'énergie. Sans oublier la culpabilité de ne pas réussir à tout mener de front à la perfection (c'est mission impossible) ! Pour sortir de ce schéma, focalisez-vous sur ce qui importe vraiment à vos yeux.

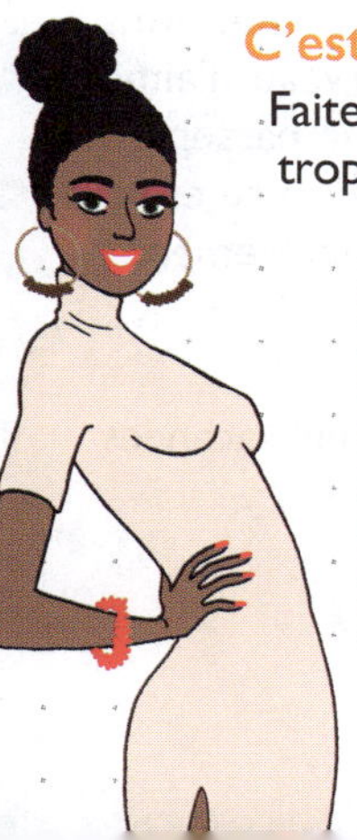

C'est décidé, je m'y mets !

Faites le point sur les domaines de votre vie qui vous envahissent, vous prennent trop de temps ou d'énergie. Puis fixez-vous des limites pour ne garder que l'essentiel.

CE QUI ME PREND TROP DE TEMPS	AVANT	APRÈS
Les afterworks et sorties pour le boulot.	Trois fois par semaine.	Une ou deux fois par semaine.

J'apprends à dire NON !

Savoir dire « non » à vos collègues ou à votre boss ? C'est compliqué ! Vous ménager des moments pour vous ? C'est (vraiment) tendu ! Ne pas faire passer les demandes des autres avant vos propres besoins ? Aïe, c'est carrément impossible ! Pourtant, ce sont là autant de bons réflexes pour préserver votre temps. Ce qu'il vous reste à faire : poser (enfin) des limites dans votre cadre professionnel !

C'est décidé, je m'y mets !

- Faites attention pendant 2 ou 3 jours à vos décisions. Qu'est-ce qui fait que vous ne posez pas de limites ? De quoi avez-vous peur ? Le faites-vous avec tout le monde ou seulement, par exemple, avec votre boss ? Est-ce dans un contexte particulier ?
- Ensuite, reprenez confiance petit à petit. Dites « non » à des demandes qui n'ont pas une importance fondamentale. On vous tend un flyer dans la rue ? Au lieu de le prendre machinalement, dites : « Non merci. » Un collègue vous demande votre avis sur son dossier ? Acceptez, mais en posant des conditions : une fois que vous aurez terminé ce que vous êtes en train de faire, après votre réunion de la matinée… Plus vous serez précise, mieux ce sera !
- Prenez le temps de réfléchir au lieu de répondre « oui » immédiatement. Dire « non » est inconfortable, mais cela s'apprend. Vous pouvez par exemple répondre en deux temps : exprimez tout d'abord votre gratitude (merci d'avoir pensé à moi), puis expliquez votre non de manière claire, concise et ferme (mais je travaille actuellement sur un projet qui me tient à cœur et qui me prend déjà tout mon temps). Vous allez vous rendre compte au fil des jours que les gens ne vous tournent pas le dos pour autant.

La citation qu'il me faut !
« Un non formulé avec la plus ferme des convictions est bien meilleur qu'un oui à peine exprimé pour plaire, ou pire, pour éviter les ennuis. » Gandhi

Je m'offre une digital détox !

Vous consultez vos mails pro en permanence ? Vous vous ruez sur votre smartphone dès qu'une notification apparaît ? Cette hyper connexion nuit à votre efficacité, vous fait perdre du temps et vous fatigue (votre cerveau n'aime pas le zapping permanent !). Vos solutions pour passer en mode détox : une charte rien que pour votre bien-être et un mode d'emploi pour (enfin) gérer vos mails raisonnablement !

Ma charte de digital détox

- Je ne regarde plus ma messagerie professionnelle le soir, le week-end et en vacances (sauf urgence).
- Mon smartphone pro est interdit dans ma chambre.

- Je n'utilise pas mon téléphone lors des repas.
- J'indique en signature de mes mails mes dates de congés et qui contacter en mon absence.
- Je mets en sourdine les notifications quand je travaille sur une tâche de fond.
- Je définis un espace-temps par jour sans aucune connexion.
- J'informe mes interlocuteurs réguliers (collègues, managers, clients, proches, etc.) de mes préférences en termes de canaux de communication (êtes-vous plutôt sms ou mail ?) et des comportements qui me dérangent (appel tardif, etc.).
- Si vous trouvez des articles intéressants pour votre boulot en parcourant les réseaux sociaux pour le plaisir en plein week-end, envoyez-vous les liens sur votre mail pro et attendez lundi pour vous y plonger.

Je gère mes mails comme une pro !

Non, traiter vos mails pro n'est pas une tâche en continu à effectuer pendant votre temps libre ! Oui, cela fait partie de votre boulot et doit donc s'insérer dans votre emploi du temps. Comment ne pas devenir l'esclave de votre boîte mail ?

- **Choisissez un rythme de consultation :** commencez par y jeter un œil toutes les demi-heures, pour vous déshabituer peu à peu de la lecture des mails en continu. Puis, 2 fois le matin et 2 fois l'après-midi avant de passer à 2 fois par jour quand cela est possible. Votre nouveau mantra : c'est moi qui choisis le rythme de ma journée de travail, et pas ma messagerie !
- **Ne triez pas vos mails :** c'est du temps perdu, utilisez plutôt la fonction recherche qui est bien plus efficace.
- **Passez en revue tous les mails non lus.** Supprimez les mails inutiles et désabonnez-vous des newsletters que vous ne lisez plus.
- **Répondez immédiatement aux mails** ne nécessitant pas plus de 2 minutes d'attention.
- Si vous avez besoin de plus de temps, **calez un temps de réflexion dans votre agenda.** Répondez en une ligne que vous avez bien reçu le mail et que vous y répondrez d'ici telle date (cela vous évitera les relances).

Chapitre 5

Je sublime mes relations

Qu'est-ce qui rend vraiment heureux ? Un jour férié qui tombe un vendredi, la nouvelle saison de votre série culte qui débarque sur Netflix pile le jour de votre RTT ? En réalité, selon certaines études, rien ne nous comblerait plus que nos relations sociales, quand elles sont épanouissantes du moins ! Et au bureau, aussi, le bonheur, c'est les autres ! Encore faut-il que chacun y mette du sien…

5 règles d'or pour une bonne ambiance au travail

Quand vous étiez en télétravail à temps complet pendant les confinements, les sourires (et les bonnes blagues !) de vos collègues vous ont manqué ? Voici les bons réflexes à adopter pour entretenir un climat de travail agréable en présentiel comme à distance.

Je communique sereinement

Vous savez que râler ne sert à rien (ou presque), mais c'est plus fort que vous. Quand votre collègue a oublié de remettre du papier dans l'imprimante, quand votre stagiaire ne répond pas à vos mails, vous passez facilement en mode grognon ? Oui, cela fait du bien sur le coup, mais est-ce vraiment efficace ? Pas si sûr. Et si vous appreniez plutôt à exprimer calmement vos besoins et à faire preuve d'empathie ?

Ma mission

Essayez la communication non violente (CNV). Cela va vous permettre d'identifier vos pensées et sentiments, mais aussi ceux des autres ! Mise au point par le psychologue américain Marshall B. Rosenberg (1934-2015), la communication non violente est un processus d'échange visant à être bienveillant avec soi et à s'écouter pour ensuite mieux se lier à l'autre. La CNV aide ainsi à communiquer avec empathie même dans des situations de conflit. De quoi apaiser bien des problématiques au travail.

Mon pas à pas pour me lancer !

1. J'identifie mes jugements

« Tu n'es pas motivée ! », « Il est toujours en retard ! », « Elle n'a jamais de temps pour moi »… Toutes ces remarques pompent votre énergie et n'apportent aucune solution. Au contraire, elles vont exaspérer vos collègues/stagiaires et les crisper. C'est le moment d'en prendre note de votre côté.

2. Je me focalise sur le factuel

Distinguez vos jugements et vos interprétations des faits. Partagez-les le plus précisément possible en veillant à éviter toute généralisation. Un exemple ? Au lieu d'asséner à votre binôme un claquant : « C'est toujours moi qui m'occupe des tâches ingrates », dites-lui plutôt : « J'ai remarqué que, sur nos derniers dossiers, j'ai pris en charge toute la partie compta et administrative. »

3. J'exprime mes sentiments

Au lieu de faire des reproches à l'autre, utilisez le JE : « Je suis déçue car… » Et soyez attentive aux messages que vous envoie votre corps : boule au ventre, tensions dans le dos, palpitations… Dites ainsi à votre binôme : « Je suis ennuyée car les tableaux Excel, les chiffres et les contrats, c'est aussi pénible pour moi que pour toi. »

4. Je partage mes besoins

Vos besoins sont la cause de vos sentiments et de vos jugements. Commencez par les identifier : avez-vous besoin de reconnaissance, de temps, d'aide ? Puis partagez-les aussi simplement que possible. Et évidemment, n'oubliez pas de vous demander quels sont les besoins des autres. Que dire alors à votre collègue pref ? Et si vous tentiez : « J'aurais besoin qu'on se mette d'accord dès le début d'un projet pour partager équitablement les tâches pénibles » ?

5. J'écoute activement l'autre sans jugement

Focalisez-vous sur ce que la personne ressent, sans chercher de contre-argument, mettez-vous à sa place, montrez votre intérêt et relancez en reformulant pour éviter tout malentendu. En l'occurrence : « J'entends bien que tu souffres de phobie administrative et que tu es allergique au comptable. Si je comprends bien, tu as besoin de mon aide pour t'y confronter ? »

6. J'énonce clairement mes demandes

Concrètement, quelles solutions proposez-vous ? Sont-elles réalistes et positives ? Tiennent-elles compte des besoins de chacun ? Un compromis satisfaisant pour tout le monde est-il possible ? Suggérez ainsi à votre collègue : « Pour notre prochain dossier, je te propose de te faire une mini-formation Excel pour que nous puissions chacune gérer une partie des tâches pénibles. Cela t'aidera à moins galérer et j'aurai la sensation d'une répartition plus équitable de notre boulot. »

J'apprends à connaître mes collègues

Chaque semaine, essayez d'apprendre quelque chose de nouveau sur un ou une collègue.

C'est décidé, je m'y mets !

Et si vous organisiez des *coffee roulette* dans votre entreprise ? L'idée : prendre, une fois par semaine, un café avec une personne d'un autre service, choisie complètement au hasard. Une autre piste : créer, via les réseaux sociaux internes, type Yammer, des communautés autour de centres d'intérêt communs (running, cinéma, jeux de société, etc.).

Je fais preuve de bienveillance

Être bienveillant, c'est se soucier de l'autre, lui vouloir du bien. Et vous avez tout intérêt à l'être (comme tout le monde d'ailleurs) pour plusieurs raisons, à savoir :

1. les actions bienveillantes améliorent considérablement les relations aux autres ;
2. elles boostent votre propre bien-être.

Ma mission

Dès demain, changez votre manière de saluer vos collègues, vos fournisseurs ou vos clients !

C'est décidé, je m'y mets !

Ne vous contentez plus d'un bonjour lâché rapidement au détour d'un couloir. Regardez la personne dans les yeux, ajoutez un « Comment ça va ? » en écoutant attentivement la réponse. L'équation gagnante : Contact visuel + Bonjour + Sourire.

Et si j'allais encore plus loin ? Ma to-do list 100 % gentillesse

Essayez de réaliser plusieurs actes de gentillesse dans votre journée de travail. En manque d'inspiration ? Complétez cette to-do au gré de vos idées !

- Offrir un café.
- Écrire un mot gentil sur un Post-it et le coller sur l'ordinateur d'une collègue.
- Apporter des gâteaux maison pour le goûter.
- Proposer spontanément de l'aide.
- Faire une recommandation ou une mise en relation.
- ....

Je me montre reconnaissante

Pour carburer au boulot, rien ne vaut une bonne dose de reconnaissance. Saluez les efforts de vos collègues, félicitez votre équipe pour ses bons résultats et la qualité de son travail, encouragez l'investissement des personnes que vous managez, soulignez les qualités et les compétences de votre binôme ou de vos prestas… Cela paraît simple, n'est-ce pas ?

Pourtant, il y a fort à parier que certains de vos collaborateurs/coworkers (et peut-être même vous ?) ne se sentent pas reconnus dans leur travail. Résultat : leur motivation est à plat, tout comme leur engagement au quotidien.

Ma mission

Faites des compliments à un ou plusieurs collègues de votre choix dès aujourd'hui (et les jours qui suivent aussi).

C'est décidé, je m'y mets !

Un compliment : OK, vous connaissez, mais de là à arriver à en faire… C'est une autre histoire ! Avant tout, gardez en tête qu'un compliment efficace est un compliment sincère qui porte sur un talent, une compétence ou encore un comportement. Votre collègue s'est montrée organisée, à l'écoute, ponctuelle, efficace, patiente, dynamique ou encore souriante ? Tirez-lui votre chapeau pour toutes ces raisons ! Vous verrez qu'avec ce genre de compliments, précis et concrets, vos collègues (et vos managers) se sentiront davantage valorisés. En prime, cela vous fera du bien, à vous aussi !

Enfin, soyez spontanée : quand vous êtes satisfaite par l'attitude, les efforts ou les résultats de quelqu'un, dites-le-lui tout de suite, sinon vous risquez d'oublier. De vive voix en face à face ou par téléphone, par mail, par sms, sur un Post-it… Peu importe la forme, cette petite attention aura toujours un bel impact !

Je joue la carte du collectif !

« Seul on va plus vite, ensemble on va plus loin ! »… Certes, vous avez entendu ce type de citation des milliers de fois (#roulementd'yeux), mais elle dit vrai. Le travail d'équipe booste la créativité et est source d'innovation. Pour assurer une bonne ambiance au boulot, il est donc temps d'être (encore plus) une bonne co-équipière !

Ma mission

Multipliez les occasions d'échanges et de partage, qu'elles soient formelles ou non, dans votre team pro.

C'est décidé, je m'y mets !

> **La citation qui me booste**
> *« Ce n'est pas le fait de porter le même maillot qui fait une équipe, c'est de transpirer ensemble. »* Aimé Jacquet

Il y a 1 001 façons de booster votre esprit d'équipe. Pour développer un sentiment d'appartenance, l'important est de partager des moments forts ensemble et de se créer des souvenirs communs. Tentez ainsi de…

- participer à ou d'initier des team-building, des afterworks ;
- créer de nouveaux rituels tout au long de l'année (dîner d'équipe de Noël, apéro pour fêter les bons résultats…) ;
- organiser des réunions de « congratulation » où chacun peut exprimer ce qu'il apprécie chez l'autre ;
- imaginer un bocal à bonnes nouvelles. Chacun peut déposer ou piocher une bonne nouvelle pour la partager avec le reste de l'équipe une fois par semaine ou par mois.

Et si j'allais encore plus loin avec le tableau des succès ?

Pour souder votre team, installez dans la salle de pause ou près de la machine à café un tableau collaboratif, comportant deux colonnes :

- dans la première, chacun peut indiquer, au fil des semaines, ses petites et grandes victoires,
- dans la seconde, invitez chacun à laisser des commentaires (bienveillants, évidemment). L'objectif : se féliciter les uns les autres des actions positives menées !

Je cultive mes soft skills

Pour cultiver de bonnes relations avec vos collègues ou votre boss, vos compétences techniques, aussi appelées *hard skills*, ne vous seront pas d'un grand secours. Misez plutôt sur vos *soft skills*, à savoir vos superpouvoirs psychologiques et comportementaux (votre intelligence émotionnelle, votre agilité/adaptabilité, votre esprit critique ou sens de la négociation) pour vous mettre tout le monde dans la poche !

Je booste mon intelligence émotionnelle

Percevoir et exprimer ses émotions, comprendre celles des autres… L'intelligence émotionnelle ? Bien sûr, vous savez ce que c'est ! Enfin presque, ou dans les grandes lignes, du moins ! En tout cas, cette capacité à percevoir et exprimer vos émotions et à comprendre celles des autres a tout bon au bureau. Et pour cause : elle vous permet de vous ouvrir plus facilement aux autres, d'être plus à l'écoute et de prendre de bonnes décisions. Vite, 3 étapes pour la booster !

1. J'identifie ce que je ressens

C'est quoi, le problème ?

OK, vous arrivez globalement à savoir quand vous n'êtes pas au top, mais de là à réagir de la bonne manière à cette émotion… Quand, par exemple, vous ressentez de la colère, la meilleure idée n'est peut-être pas de hurler sur le premier venu pour soulager vos nerfs ! Prenez plutôt quelques inspirations pour comprendre ce qui vous a énervée au lieu de rester en mode « Je ne me sens pas bien », « Ça ne va pas fort »…

Et je fais quoi maintenant ?

Si votre boss vous fait une remarque désagréable sur votre travail, faites une pause. Mettez-vous au calme. Ressentez-vous de la colère, de la honte ou de la tristesse ? Trouvez la forme la plus adéquate pour décrire cette émotion : *Je suis frustrée, énervée, déçue, furieuse, inquiète…* Amusez-vous aussi à observer et à identifier les émotions de vos collègues. Demandez-leur comment ils vont, intéressez-vous à leurs ressentis et creusez un peu quand certains vous lancent un lapidaire « Ça va… » (observez notamment leur langage non verbal).

2. Je suis à l'écoute de mes sensations

C'est quoi, le problème ?

Parfois, vous êtes prise de court par vos émotions. En gros, elles vous submergent que ce soit à la maison ou au bureau. Résultat : c'est les collègues/votre +1 qui trinquent ! Et si vous écoutiez votre corps pour mieux comprendre vos émotions ? Eh oui, une émotion se traduit souvent au niveau corporel : boule au ventre, palpitations, nervosité, mains moites… Soyez attentive à ces signaux pour éviter les débordements !

Et je fais quoi maintenant ?

En cas de trop-plein émotionnel, retirez-vous quelques instants pour faire un scan corporel. Fermez les yeux, tenez-vous immobile et, en prenant de grandes respirations, déplacez votre attention sur les différentes parties de votre corps de manière neutre, sans jugement, de la tête aux pieds. Vous galérez ? Il existe de nombreuses méditations audioguidées en ligne pour vous y aider. Cette méthode vous aide à distinguer vos émotions et à prendre du recul.

3. Je mets des mots sur mes besoins

C'est quoi, le problème ?

La majorité des émotions que vous ressentez sont liées à la satisfaction (ou non) de certains besoins fondamentaux. Au bureau, cela peut être le besoin de relations sociales, de compétences, le besoin de se sentir utile… Ressentir des émotions désagréables a donc une utilité : vous informer que vos besoins ne sont pas satisfaits. Reste à identifier lesquels… Et c'est souvent là que le bât blesse !

Et je fais quoi maintenant ?

Pour identifier votre besoin, prenez un temps d'introspection. À quels moments particuliers ressentez-vous de la colère ? Est-ce récurrent ou occasionnel ? Est-ce lié à une personne (votre boss, un client…) ou à une mission précise ? Une fois le besoin identifié (manque de reconnaissance, par exemple), vous pourrez agir (demander un feed-back constructif et précis à votre boss). Si vous êtes énervée par un mail, n'y répondez pas tout de suite ! Travaillez votre reply. Exprimez votre ressenti et vos besoins en étant force de proposition pour ne pas rester dans le registre de la plainte ou de l'accusation.

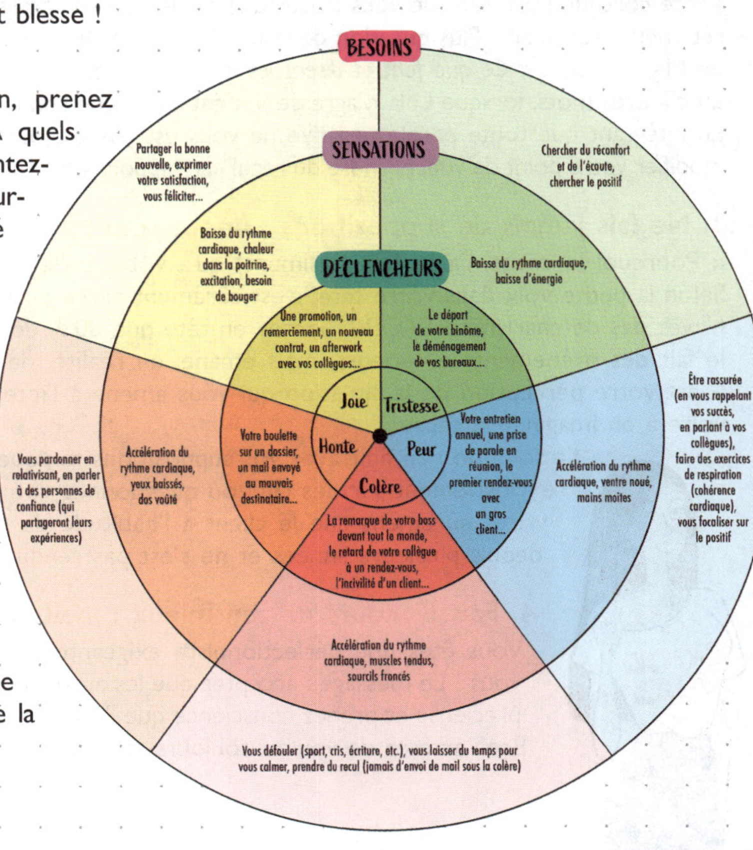

Je maîtrise l'art de la coopération

Et si vous alliez encore plus loin dans la diplomatie de l'open space ? Pour travailler toujours plus en harmonie avec les autres, faites des 4 accords toltèques vos nouveaux mantras ! En 1997, le docteur et chaman Miguel Ruiz s'est fait le messager de ce qui n'est rien d'autre que de simples règles de bonne conduite, en transmettant les préceptes d'une vie sociale épanouissante : les accords toltèques. Son livre, *Les Quatre Accords toltèques* (titre original : *The Four Agreements*), publié en 1997 aux États-Unis, s'est depuis écoulé à plus de 4 millions d'exemplaires dans le monde !

1. Que ta parole soit impeccable : #nobitching !

Que celle qui ne s'est jamais emportée un peu vite contre ses collègues lève le doigt ! Votre nouveau réflexe : ne pas dire des autres ce que vous n'aimeriez pas entendre sur vous. Et ne jamais réagir à chaud. Ce premier accord incite à une parole bienveillante et intègre. À adopter pour ne plus jamais regretter vos paroles prononcées sous le coup de la colère ou de la fatigue.

2. N'en fais pas une affaire personnelle : #jelaissecouler !

Votre collègue Lola vient de vous lancer une pique passive agressive parce que vous n'avez pas répondu à son mail ? Plus question de vous offusquer ! Au contraire, gardez à l'esprit les mots de Miguel Ruiz : « *Ce que font et disent les autres n'est qu'une projection de leur propre réalité.* » En d'autres mots, lorsque Lola « agresse », c'est à elle que son inconscient adresse ce message. En intégrant que toute parole négative ne vous est pas toujours destinée, vous pourrez ainsi modifier votre point de vue, prendre du recul par rapport à la situation et surtout éviter le conflit.

3. Ne fais jamais de suppositions : #noparano !

« Pourquoi le client n'a parlé (quasiment) qu'à votre collègue pendant le rendez-vous ? » Selon la petite voix dans votre tête, c'est sûrement parce qu'il ne vous aime pas / que vous n'avez pas de charisme ! STOP ! Gardez en tête que 80 % de ce qui vous stresse n'est pas le fait des événements extérieurs, mais émane, en réalité, de vos pensées et ruminations. C'est votre perception de la situation qui vous amène à l'interpréter de manière négative, voire à en imaginer la cause.

La solution : en finir avec vos suppositions toxiques ! Désormais, appuyez-vous exclusivement sur des faits ou questionnez votre interlocuteur. Vous découvrirez sûrement que le client a l'habitude de travailler avec votre collègue depuis plusieurs années et ne s'est pas rendu compte de sa maladresse !

4. Fais toujours de ton mieux : #fail et alors ?

Vous êtes une perfectionniste exigeante ? Cet accord toltèque est pour vous ! Le message : acceptez que les autres puissent vous apporter une aide précieuse et prenez conscience que l'échec peut être un pas vers la réussite. Bref, arrêtez de vouloir toujours tout faire toute seule à la perfection !

Je constitue ma dream team

Comme ça fait du bien d'avoir des personnes sur lesquelles on peut s'appuyer et compter en toutes circonstances ! Parce que connaître son réseau d'aide est une force, veillez à identifier le vôtre.

L'exercice qui change tout !

Remplissez ce tableau en indiquant le nom de plusieurs personnes dans chaque catégorie. L'objectif : vous permettre d'identifier facilement les personnes vers qui vous tourner quand vous en aurez besoin. L'astuce en plus : à l'image des sportifs de haut niveau, vous pouvez aussi vous constituer votre équipe de pros qui vous aidera à rester au top (médecin généraliste, naturopathe, coach sportif, ostéopathe ou kiné, psy, etc.).

DANS LA CATÉGORIE...	JE LES CONTACTE CAR...	LES MEMBRES DE MA DREAM TEAM :
Les exemples : votre directeur de thèse, votre dernier maître de stage, votre prof en terminale, votre grande sœur…	Ils sont une source d'inspiration, notamment vos mentors.	....
Les confidents : famille, amis, collègues proches…	Ils peuvent tout entendre.	....
Les semblables : les anciens de votre promo, votre binôme…	Ils ont le même mode de vie que vous et comprennent votre rythme de vie, vos contraintes, etc.	....
Les stimulateurs : des personnalités que vous admirez, des anciens boss…	L'air de rien, ils vous forcent toujours à réfléchir, à évoluer, à vous remettre en question.	....
Les encourageants : votre mentor, vos collègues, vos proches…	Ils occupent une place à part et vous connaissent à titre personnel, vous poussent, vous conseillent.	....
Les ressources : intervenants à des conférences, spécialistes ou experts dans leur domaine.	Vous pouvez les solliciter pour des besoins très précis.	....
Les sécurisants : vos premiers collègues qui sont devenus des amis, vos meilleures copines de fac, votre super boss…	En situation d'urgence ou de grosses difficultés, ce sont un peu vos pompiers à vous.	....

Et si je tentais le coworking ?
Travailler dans un tiers lieu vous permettra de rencontrer d'autres professionnels, indépendants ou pas. Wojo, WeWork, Hubsy Café, Space, Morning, MultiBuro… À vous de trouver la communauté qui vous ressemble, pour la journée ou plus si affinités !

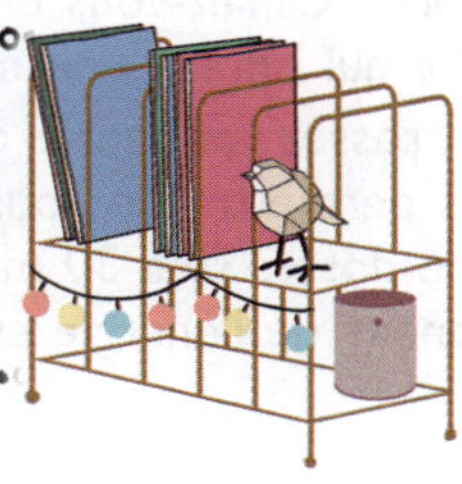

Chapitre 6

Je me crée un bureau cocooning

Dernière étape pour être vraiment happy at work : vous créer un environnement de travail cosy, à la fois confortable et agréable. Un espace propice à la concentration et à la créativité dans lequel vous vous sentirez bien. Rassurez-vous, pas besoin d'être une pro de la déco ou de dépenser un budget de folie. Et c'est même possible en open space ou en télétravail !

Je me crée un bureau feel good

Regardez bien autour de vous : à vue de nez, votre bureau n'est pas vraiment du genre #goodvibes ? Votre solution : passer en revue tous les éléments qui constituent votre espace de travail pour y apporter des touches de bien-être. Si, si, vous allez voir, c'est facile !

J'adopte les 5 règles d'or

1. Je mise sur la lumière

En hiver, vous êtes crevée, grognon, vraiment pas motivée ? C'est peut-être le manque de luminosité ! La lumière a de nombreux bienfaits qui justifient que vous lui offriez une place d'honneur dans votre bureau feel good. Elle régule l'humeur, augmente la vigilance et la productivité, donne de l'énergie, a une influence positive sur vos capacités d'apprentissage et de travail et renforce même votre système immunitaire !

Ma to-do list de lumière

- Si possible, installez votre bureau près d'une fenêtre (idéalement perpendiculairement à celle-ci) pour bénéficier de la lumière naturelle.
- Impossible ? Offrez-vous un éclairage good mood en privilégiant les ampoules « lumière du jour » qui offrent une meilleure qualité de lumière.
- En hiver, passez vos pauses constructives (voir p. 52) derrière une lampe de luminothérapie qui vous permettra de vous exposer à une lumière blanche imitant le spectre du soleil. La bonne dose : 10 à 30 minutes par jour pour améliorer votre sentiment de bien-être, vous donner de l'énergie et réduire votre somnolence.

2. Je me mets au calme

Les collègues qui papotent, le commercial qui passe sa vie au téléphone, le va-et-vient du couloir… Le bruit est une des nuisances les plus importantes au bureau ! En effet, entendre les conversations des autres interfère avec nos propres processus cognitifs. En bref, cela surcharge le cerveau et le système nerveux, augmentant la fatigue, déconcentrant et réduisant l'efficacité. Votre mission : éviter l'ambiance périph à l'heure de pointe.

Ma to-do list au KLM !

- Si votre environnement est bruyant, optez pour un casque anti-bruit, des boules Quiès ou des écouteurs, pour vous préserver du brouhaha ambiant.
- Votre entreprise va faire des travaux d'aménagement ? Lors de la consultation, glissez l'idée de cloisons mobiles en feutre qui peuvent absorber un peu les bruits et ainsi créer un espace plus intime.
- Accordez-vous des temps hors open space en télétravail si cela est possible ou dans des box isolés phoniquement si vous en avez dans vos locaux.
- Créez votre bulle en écoutant de la musique : choisissez des morceaux que vous connaissez bien, ou de l'instrumental pour ne pas être déconcentrée par les paroles.

3. Je m'entoure de plantes

Vous ressentez le besoin d'être plus zen, plus productive et plus concentrée ? C'est possible en vous offrant des plantes ! Il a en effet été prouvé que la vue de végétation était apaisante. D'autant plus que les plantes augmentent le taux d'humidité de la pièce, grâce à l'arrosage régulier. Et c'est une bonne chose car travailler dans un bureau à l'air trop sec est mauvais pour votre santé et génère de la sécheresse oculaire, le dessèchement de la peau, l'assèchement des voix nasales et respiratoires…

Ma to-do list jungle at work

Inutile de transformer votre bureau en serre géante, 2 ou 3 plantes suffisent pour relâcher la pression. À privilégier :

- Si vous êtes souvent en déplacement ou si vous êtes tête en l'air, il existe des plantes robustes qui nécessitent peu d'entretien et d'arrosage, comme les bégonias, les cactus, les aloe vera ou les succulentes.
- Vous avez de la place et la main verte ? Installez quelques plantes dépolluantes pour assainir l'air intérieur, comme le lierre, le spathiphyllum ou les fougères.

- Vous êtes plutôt en mode stress permanent ? Déposez une lavande en pot sur le coin de votre bureau !
  - À défaut, mettez des plantes en fond d'écran ou en photo sur les murs. Cela vous fera déjà du bien !

4. Je deviens la Marie Kondo du bureau !

Évidemment, la priorité est de vous sentir bien dans votre bureau. Pas question d'être ultra minimaliste si cela ne vous convient pas ! Par contre, il est important que vous vous retrouviez aisément dans votre bureau et qu'il ne renvoie pas une impression de fouillis. Après tout, votre espace de travail est le reflet symbolique de vos pensées et de votre état d'esprit !

Ma to-do list made by (ou presque) Marie Kondo

- Jetez les papiers qui n'ont plus d'utilité au lieu de les entasser, et conservez dans une boîte ou une bannette à côté de vous les dossiers ou travaux en cours.
- Donnez les livres dont vous ne vous servez plus et disposez ceux qui vous servent sur des étagères.
- Ne faites pas de réserves de fournitures (non, vous n'avez pas besoin de ce 12e bloc de Post-it, même s'il est super trendy)…

Et c'est tout ! Plus votre système de rangement sera simple, mieux ce sera ! Pour éviter que le bazar revienne, prenez 5 minutes en fin de journée pour organiser et ranger votre espace de travail. Cela vous permettra de vous alléger l'esprit afin de commencer la journée suivante sereinement.

L'outil qu'il vous faut : la méthodologie des 5 S

Les 5 S sont cinq verbes d'action japonais qui résument les tâches essentielles à mener pour bien aménager son environnement. Pour rendre votre espace de travail plus accueillant, remplissez ce tableau au regard de ces 5 préceptes !

En japonais	En français	Concrètement, cela veut dire…	Ce que je peux faire dans mon bureau
Seiri	Débarrasser	Se débarrasser du superflu. Ce qui n'est pas utilisé régulièrement est rangé, voire jeté.	………………………………
Seiton	Ranger	Concevoir un espace de travail efficace où chaque chose a une place bien définie facilitant son utilisation.	………………………………
Seiso	Nettoyer	La propreté est un élément aussi important que le rangement et assure un cadre de travail sain.	………………………………

En japonais	En français	Concrètement, cela veut dire…	Ce que je peux faire dans mon bureau
Seiketsu	Maintenir l'ordre	Une fois que tout est trié, rangé et nettoyé, il serait dommage de ne pas maintenir ce nouvel ordre, non ?	
Shitsuke	Être rigoureux	Cette méthode n'est efficace que si vous respectez les 4 principes ci-dessus. À votre check-list !	

5. Je personnalise mon espace

Les photos, tout comme un joli vase ou votre mug à message, favoriseront une ambiance propice à votre sérénité, à votre épanouissement, et donc à votre efficacité. Il est prouvé qu'un bureau personnalisé améliore le bien-être, la confiance, la positive attitude, ce qui est bénéfique pour bien travailler !

Ma to-do list pour un bureau qui me ressemble

- Affichez des mantras positifs, des citations, des photos de personnalités inspirantes, des dessins humoristiques qui vous font sourire sur les murs ou sur les armoires (voire affichez ou composez votre vision board au-dessus de votre bureau si vous travaillez chez vous – voir p. 32).
- Évitez par contre d'encombrer votre espace. Mais si un tas de plantes et de bibelots vous rend zen et sereine, ne vous en privez pas !

À chaque couleur, ses bienfaits !

Évitez les murs blancs… Si vous le pouvez ! L'absence totale de couleurs entraîne fatigue et démotivation à long terme. Si vous avez la chance de pouvoir aménager votre espace de travail comme vous le souhaitez, choisissez des couleurs qui auront un impact positif sur votre humeur et vos performances, et plus particulièrement :
- le jaune pour booster l'optimisme et la concentration,
- le vert pour favoriser le dynamisme,
- les beige clair, gris clair et rose clair pour vous offrir un peu d'apaisement,
- le bleu pour être plus zen et créative…

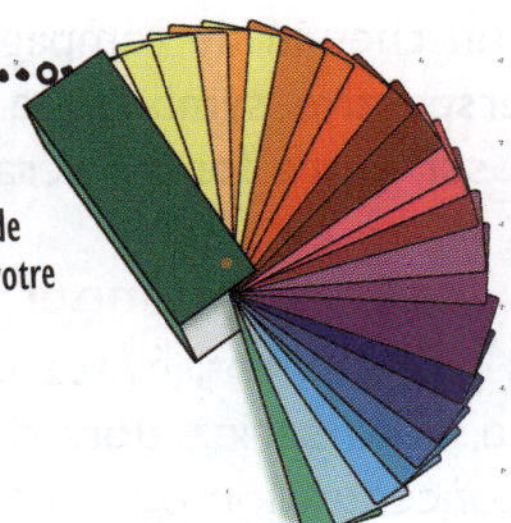

Je passe en mode feng shui

Votre niveau d'énergie et d'efficacité frise le néant en arrivant au bureau, tandis que votre niveau de stress monte en flèche ? Une bonne dose de feng shui vous ferait peut-être du bien ! Reste à savoir par où commencer !

Le feng shui, quésaco ?

Le feng shui, aussi appelé « acupuncture de l'espace », est une pratique zen chinoise permettant d'aménager votre espace de la manière la plus bénéfique possible en jouant sur l'énergie des lieux. Son intérêt au bureau ? Vous permettre d'aménager et de décorer votre bureau pour favoriser une meilleure concentration, réduire la fatigue et vous éviter les maux de tête ou de dos. Ça se tente, non ?

1. Je m'assure d'avoir vue sur la porte d'entrée

Vous devez pouvoir voir les personnes qui entrent et sortent sans avoir à tourner la tête. Évitez donc impérativement de tourner le dos à la porte. Cela aurait pour effet de vous rendre plus vulnérable et angoissée. Si vous ne pouvez pas faire autrement, mettez la main sur un siège avec un haut dossier pour vous donner une sensation de protection.

2. Je tourne le dos aux murs

Si votre bureau est placé contre un mur, il y a fort à parier que votre cerveau ne reçoit pas un message très positif. Son constat : « Je suis face au mur », en d'autres mots : « J'ai un obstacle à surmonter », voire : « Je n'ai aucune issue, aucune possibilité d'avancer » ! Au contraire, avoir un mur derrière vous permet, selon la tradition feng shui, de vous sentir forte et en sécurité, de vous ancrer.

L'astuce en plus

Affichez devant votre bureau une photo d'un paysage dégagé qui vous donne de la profondeur : un chemin de campagne, un panorama, une fenêtre ouverte, etc. L'objectif : donner une perspective symbolique à vos activités ! Si ce n'est pas possible, mettez ce paysage dégagé sur votre fond d'écran.

3. J'évite de positionner mon bureau entre la porte et une fenêtre

Et plus précisément, évitez de travailler dos à un passage ! Entre la fenêtre et la porte, vous seriez alors dans un courant énergétique qui pourrait perturber votre concentration ou vous épuiser. En ne sachant pas ce qui se passe derrière vous, votre cerveau serait toujours en alerte et vous empêcherait, là encore, de rester focus. Pas top !

4. Je fais dans la mesure

Non aux excès ! Équilibrez les couleurs, les lumières, les formes, etc. Évitez aussi les vues, odeurs, sons, formes agressives et désagréables, les représentations (tableaux, photos, sculptures) qui génèrent un ressenti négatif ou encore les mobiliers disproportionnés qui empêchent une circulation fluide dans le bureau.

Visualisez (ou dessinez) votre bureau rêvé !

Notez sur cette page tout ce que vous aimeriez voir, avoir, sentir, ressentir dans votre bureau si vous disposiez d'une baguette magique.

Ma wishlist pour un bureau de rêve

Je m'aménage un espace zen en télétravail

Que vous pratiquiez le télétravail de manière occasionnelle ou régulière, quelques bonnes habitudes s'imposent ! Et pour cause : pas moyen de vous sentir moins bien à la maison qu'au bureau !

Je délimite mon espace de travail

Le problème qui peut se poser

Quand vous bossez à domicile, tout tend à déborder, à commencer par le boulot sur votre vie perso. Résultat : difficile de commencer votre journée du bon pied ou de faire une coupure en fin de journée.

La piste qui change tout !

Compartimenter vos espaces ! Vous permettrez ainsi à votre cerveau de basculer du mode perso au mode pro beaucoup plus rapidement et *vice versa*. Vos capacités seront ainsi stimulées plus rapidement et plus longtemps.

Mes solutions sur mesure

Compartimenter, c'est bien ! Mais encore faut-il en avoir les moyens. Quelques stratégies pour booster votre efficacité au cas par cas.

Cas n° 1 : vous avez un espace bureau séparé du reste de la maison

Veinarde ! C'est l'idéal. Pensez à bien fermer la porte de ce dernier quand vous travaillez. En fin de journée, pensez également à refermer la porte de votre bureau. Ce rituel vous aidera à déconnecter.

Cas n° 2 : vous n'avez pas de pièce dédiée, mais au moins un meuble de bureau

Évitez de le mettre dans votre chambre, qui est une pièce très intime, pas du tout propice à la sphère professionnelle. Les sessions Zoom avec vue sur votre lit défait ? Pas terrible ! Si ce n'est pas possible, mettez un rideau ou un paravent pour séparer ces deux espaces, ou encore un tapis au sol pour marquer une délimitation, ou bien un lai de papier peint sur le mur devant le bureau ou sur l'angle de cloison contre lequel le bureau est placé.

Cas n° 3 : vous n'avez pas de bureau et devez travailler sur la table du salon ou de la cuisine

Créez tout de même l'emplacement de votre bureau à l'aide d'une délimitation visuelle (des fleurs, un set de table, une nappe…) et tâchez d'aller chaque fois à cette même place. Cette frontière symbolique vous permettra ainsi d'identifier clairement la zone dédiée à votre travail. L'astuce en plus : associez vos autres sens à ces repères visuels pour créer votre ancrage spatial. Lancez la playlist qui vous permet de vous concentrer, diffusez votre parfum ou huile essentielle préférée, allumez une bougie, faites-vous un thé, etc. C'est parti : Vous entrez (symboliquement) dans votre journée de travail !

J'éloigne les distractions

Le problème qui peut se poser

Votre vie perso tend elle aussi à déborder sur votre boulot. Résultat : vous vous lancez dans votre dossier chaud du moment… avant d'être distraite en un rien de temps !

La piste qui change tout

Éliminez les sources de distraction de votre vue (tas de linge à repasser ou de vaisselle à laver, liste de courses, factures à payer, etc.). Ainsi vous vous concentrez vraiment !

Mes pistes de solutions sur mesure

- Installez sous vos yeux des éléments stimulants liés à votre métier : photos, revues, objets, etc.
- Mettez un panneau sur la porte de votre bureau ou un Post-it au dos de votre ordi pour éviter que votre colloc ou votre moitié ne vous dérange.

Carnet d'adresses

L'auteure

Mon site : www.myhappyjob.fr Vous y trouverez des conseils, des témoignages et des partages d'expériences. Ne ratez aucune actu en vous inscrivant à la newsletter !

Si vous avez des envies de reconversion…

www.coachingdecarriere.com
helene-picot-coaching.com
dessinemoiunecarriere.com
www.ithaquecoaching.com
www.oser-rever-sa-carriere.com

Pour vous inspirer et mener une vie pro épanouissante…

www.bloomr.org
www.eklore.fr/fr
www.florenceservanschreiber.com
www.holi-me.com
https://lafabriqueabonheurs.com
https://tempsetequilibre.life
www.welcometothejungle.com/fr
www.osersachance.com
www.maddyness.com
start.lesechos.fr

Pour vous détendre et dire stop au stress...

www.olybe.com
effervescience.fr
www.larahistelbarontini.com
serenite-n-co.com

Bibliographie

Shawn Achor, *Comment devenir un optimiste contagieux*, Pocket, 2015.
Sarah Allart, *Sunday, Monday, Happy Days*, Larousse, 2018.
Diane Ballonad Rolland, *Slow Working*, Vuibert, 2020.
Chantal Baudoin, *Ça y est ! Je sais comment rester zen en toutes circonstances*, Vie, 2020.
Tal Ben-Shahar, *L'Apprentissage du bonheur*, Pocket, 2011.
Tal Ben-Shahar, *L'Apprentissage de l'imperfection*, Pocket, 2011.
Tal Ben-Shahar, *Choisir sa vie*, Pocket, 2017.
Catherine Borie, *Zen et en forme*, Vuibert, 2020.
Virginie Boutin, *2 h chrono pour déconnecter*, Dunod, 2018.
Anne-Sophie Brianceau, *Mon cahier Super organisée*, Solar, 2019.
Mihály Csíkszentmihályi, *Vivre : La psychologie du bonheur*, Pocket, 2006.
Christophe Deval, *Soft Skills*, Vuibert, 2020.
Anne-Sophie et Fanny Lesage, *Celle qui a dit fuck*, Solar, 2018.
Anne-Sophie et Fanny Lesage, *Balance ta cape*, Solar, 2019.
Sonja Lyubomirsky, *Comment être heureux et le rester*, Marabout, 2013.
Marjorie Llombart et Magali Perruchini, *180°. Reconversion : réussir le virage de l'entrepreneuriat*, Vuibert, 2020.
Éric Mellet et Béatrice Arnaud, *La Boîte à outils de la psychologie positive au travail*, Dunod, 2019.
Hélène Picot, *LIBRES : Vers un travail qui a du sens*, Déclic Factory, 2020.
Powa, *Mon Cahier Mes 100 modèles Bullet agenda*, Solar, 2018.
Laurence Roux-Fouillet, *Power Pauses*, Leduc. s, 2019.
Martin Seligman, *La Fabrique du bonheur*, InterÉditions, 2011.
Florence Servan-Schreiber, *3 kifs par jour*, Marabout, 2019.
Florence Servan-Schreiber, *Bloum !*, Marabout, 2020.

Remerciements

Merci à ma chère Véronique de m'avoir accompagnée pour mener à bien ce livre avec le professionnalisme et l'humour qui la caractérisent ! Je remercie aussi Gwladys des éditions Solar pour ce beau projet. Et enfin une mention spéciale à toute la communauté de My Happy Job : sans vous, les Happy Workers, rien de tout cela ne serait possible.

LES BEAUTIFUL GIRLS, C'EST TOUTE UNE COMMUNAUTÉ !

Retrouvez plein de bonus, de conseils feel good,
des recettes, des trainings,
et des actus tendance **MADE BY MON CAHIER !**

Un lieu rien que pour vous :

http://mylifeisbeautiful.fr/

Une communauté de filles stylées :

VOUS DÉCHIREZ

mylifeisbeautiful.fr mylifeisbeautiful.fr

Direction : Jean-Louis Hocq
Direction éditoriale : Marion Guillemet-Bigeard
Directrice d'ouvrage : Véronique Deiller
Édition : Gwladys Greusard
Conception et mise en couleur de la couverture : Stéphanie Brepson
Rabats : Sophie Delannoy
Correction : Christine Cameau
Mise en pages : Nord Compo
Fabrication : Laurence Duboscq

ISBN : 978-2-263-16291-6 – Code éditeur : L16291
Dépôt légal : janvier 2021
Imprimé en France par Clerc
94, rue de la Brasserie, 18200 Saint-Amand-Montrond

Solar, un département d'Edi 8
92, avenue de France
75013 Paris

FSC www.fsc.org MIXTE Papier issu de sources responsables FSC® C003309

HarmonieSolar
harmonie_solar
mylifeisbeautiful.fr
mylifeisbeautiful.fr